《典范苏州·社科普及精品读本》编委会

典范苏州
社科普及精品读本

廉吏大人

——识人——凝望苏州——

杨旭辉 周小芹/著

中国·苏州
古吴轩出版社

廉石銘
廉石銘
康熙己丑孟秋
江南蘇州府知府長沙陳鵬年題

总序

上有天堂，下有苏杭。苏州素有“人间天堂”的美誉。

苏州美，不仅美在她得天独厚的自然山水环境，也不仅美在她繁荣富庶的物质生活条件，更美在她悠久灿烂的传统文化。天时、地利、人和，三者共同造就了这座得天独厚的“人间天堂”。

一方水土养一方人。每个地方都有她的历史和文化。千百年来，世世代代的苏州人在创造物质文明的同时，也创造出了灿烂辉煌的吴地文化。苏州文化的独特性和丰厚性，体现在名城古镇、园林胜迹、街坊民居、小桥流水人家等特色鲜明的物化形态上，体现在昆曲、评弹、苏剧、吴门书画、诗文、丝绸、刺绣、雕刻等门类齐全的艺术形态上，还体现在文化心理的成熟、文化氛围的浓重、文化精神的彰显等诸多方面。明清两代，苏州更成为当时中国的文化中心之一。苏州，因其文化的历史悠久、薪火相传、历久弥新，特别是她的综合实力优势而成为中华文化一颗璀璨夺目的明珠，成为中华文化的典范城市和渊薮之区。

文化是根，是魂，是人们共有的精神家园。文化的凝结形成传统，文化的传承关乎未来。优秀传统文化具有涵养情操、修身益智、凝聚共识、励志图强等特殊价值。从“相土尝水，象天法地”的科学精神，到“先天下之忧而忧，后天下之乐而乐”的政治抱负，到“天下兴亡，匹夫有责”的爱国情怀，再到改革开放以来形成的“张家港精神”、“昆山之路”、“园区经验”三大法宝，苏州文化蕴含着优秀传统人文精神的传承和弘扬。苏州文化的生命力在于绵延不绝、生生不息的传承和开拓，在传承优秀传统文化的同时，又能结合时代特点不断推陈出新，从而使苏州文化日益根深叶茂、绚丽多彩，使苏州大地始终生机盎然、繁荣昌盛。

观乎人文以化成天下。我们正处在实现中华民族伟大复兴中国梦的新时代。实现中国梦，必须走中国道路，弘扬中国精神，凝聚中国力量。中华文化积淀着中华民族最深沉的精神追求，是中华民族生生不息、发展壮大的丰厚滋养。认识和把握中国的历史文化，有利于正确认识中国独特的发展道路，从而增强道路自信；弘扬优秀的民族精神，有利于激发中国精神；增强文化认同，有利于凝聚中国力量。中华优秀传统文化也是涵养社会主义核心价值观的重要源泉。继承和弘扬作为中华文化一个重要组成部分的苏州优秀传统文化，就是要为谱写中国梦的苏州篇章提供强大的精神文化力量。

苏州市委宣传部、市社科联和古吴轩出版社联合编辑出版这套《典范苏州·社科普及精品读本》，运用图文并茂、雅俗共赏的手法宣传普及苏州优秀传统文化，可谓适逢其时，很有意义，值得祝贺。

是为序。

2014年秋

况钟

苏州廉吏

陆绩

廉石

海瑞

《禁馈送告示》

况锺

文庙

张伯行

《禁止馈送檄》

名贤

范仲淹

李寿朋

《平江图》

廉吏，是指那些正直守道的官员。他们守的道，不仅是为官之道，还是儒家礼法对个人的道德要求。不论世风如何败坏，朝政如何混乱，周遭如何纷扰，身家如何清贫，这些清廉正直的大臣，总是不为所动，坚持自己的信念。

宝带桥

王仲舒

“第一清官”

鱼侃

五百名贤祠

陶澍

"民不能忘"

汤斌

暴式昭

《林屋山民送米图》

杨涟

"廉吏第一"

阖闾大城

伍子胥

"苏州刺史例能诗"

白居易、韦应物、刘禹锡

宋荦、梁章钜

沧浪亭

廉吏大人关键词

廉直 守正 能臣

掣淞入浏

夏原吉

张国维

《吴中水利全书》

李超琼

学公观

目录

叁　廉基 | 立基筑城，造福于民

肆　廉务 | 经济世务，抚民以仁

伍 廉泽 | 治水安澜，泽被后世

陆 廉教 | 志操高洁，德化育功

于成龙
(1617-1684)
杨震

清风两袖，循吏英名垂史册；

正气一身，劲松标格壮中华。

——常熟廉吏馆对联

引子

曾记儿时，特别喜欢缠在长辈身边，听他们讲包公案、施公案、海公案、狄公案、彭公案这一类的古代“公案”故事，听多了，有一个词逐渐在脑海中扎下了根——“青天大老爷”。随着岁月的流逝、阅读的拓展，我发现“公案”实在是中国古代小说、戏剧的一个大类，虽然这些作品很少进入学院派的文学史研究视野，但我依然很喜欢。慢慢地，似乎别有感悟。就在读过章太炎先生的《訄书》之后，我完全明白了国人为何如此痴迷“公案”，因为“公案”中蕴蓄了中国老百姓的美好政治理想：“一郡之吏，无虑千人，皆承流修职，故举事易而循吏多。”（《訄书·通法》）渐渐地，在我的脑海中，“清官”、“青天大老爷”这些概念逐渐让位于“廉吏”、“循吏”。而每每听见老百姓对官员使用“大人”一词，总能感受到这个词汇里所包含的期待情绪。“廉吏大人”，就是我们对“清官”、“好官”的总结。

中国是世界上最早建立官僚机构的国家，从司马迁的《史记》开始，就出现了对官僚的类型化评价。司马迁在《史记》中为孙叔敖、子产、公仪休、石奢、李离这五位春秋战国时期的贤良官员列传，称之曰《循吏传》，并在传中说道：“奉职循理，为政之先”，“奉职循理，亦可以为治，何必威严哉”。无论是清廉自止、严守法纪，还是仁厚爱民、善施教化，

慎微

事最不可轻忽，虽至微至易者，皆当以慎重处之。

坚正

处事当沉重详细坚正，不可轻浮忽略，故《易》多言“利艰贞”。盖艰贞则不敢轻忽，而必以其正，所以吉也。

谨要

圣贤成大事业者，从战战兢兢之小心来。

明智

人遇拂乱之事，愈当动心忍性，增益其所不能。所行有窒碍处，必思有以通之，则智益明。

——薛瑄《从政录》

都是各级官员“奉职循理”的具体表现，而其最后的归依，都只有一个目的，那就是为民请命、为民做主。这是古代儒家“仁政”理想的根本。基于这样的理论思考，我们当代来谈中国历代的廉政文化时，就不应单单就官员的个人道德自律进行考量。清廉自律是官员的本分，“奉职循理”，“以民为主”，“承流修职”又“不伐功矜能”，也是老百姓衷心拥戴“大人”的出发点。

苏州，这个以春秋时期“阖闾大城”为基础发展起来的城市，历经两千五百多年的风雨沧桑，涌现出了一大批“廉吏大人”。他们在苏州城市发展进程的各个方面有所作为：或是以其高风亮节为人称道，或是立基建城、治水安澜；或是经济世务的循吏，又或是文教化育的名贤，当然，他们都被苏州百姓铭记，被历史铭记。刻碑作传，都是希望将他们的精神永久传承。

廉，是正直，是守正。廉风，就是正直守道之风。廉吏们守的道，不仅是为官之道，还是儒家礼法对个人的道德要求。苏州城养育的儿郎和到苏州来任职的官员们，能谨守这份风骨的都受到苏州人的尊重。王英

爱民

爱民而民不亲者，皆爱之未至也。《书》曰：如保赤子诚，能以保赤子之心，爱民则民岂有不亲者哉！

民生

养民生，复民性，禁民非，治天下之三要。

守节

大丈夫以正大立心，以光明行事，终不为邪暗小人所惑而易其所守。

事理

事事不放过，而皆欲合理，则积久而业广矣。

七要

正以处心，廉以律己，忠以事君，恭以事长，信以接物，宽以待下，敬以处事，此居官之七要也。

清正廉洁，旦夕兢兢谨畏，“棼橑归骨，囊无一金”；鱼侃清正堪比包公，断案如神，他为民谋利，自己却清贫如洗且坚决不受接济；坚拒物中藏金的缪朴、“苦节自厉”的海瑞、“两袖清风，不带寸绵”的况锺、勇斗阉党的杨涟、力肃贪腐的初彭龄、九品廉吏暴式昭……他们都是清廉正直的大臣，不论当时的世风如何败坏，朝政如何混乱，周遭如何纷扰，身家如何清贫，总是不为所动地施行廉政，坚持自己的信念。这样的信念，至今仍是照耀我们前行的烛火。

廉不仅是个人的道德自律，也体现在官员对自己角色身份的认知上。苏州地处长江中下游，水网密布，如何在这一方水土建城立基、利用好水利资源，是地方官员们需要直面的具体问题。历代涌现的苏州能臣，都站在时代的高度，不仅解决老百姓的实际问题，还高瞻远瞩地为城市的发展做长远的规划设计：伍子胥建造“阖闾大城”，李世嘉审时度势开启旧城繁华，王唤于兵燹之后重建苏州城，李寿朋克服困难传载城市历史文献，张国维“疏通水利，泽被东南”……千百年来，他们筑城修桥、治水安澜，为苏州城立下基业。平江路、沧浪亭、宝带桥、垂虹

良益

与人居官者言，当使有益于其身，有益及于人。

公道

天之道，公而已。圣人法天为治，一出于天道之公，此王道之所以为大也。

明断

处大事贵乎明而能断，不明固无以知事之当断，然明而不断，亦不免于后艰矣。

持己

不欺君，不卖法，不害民，此作官持己之三要也。

——薛瑄《从政录》

桥、李公堤……当我们走过这些地方，感慨景色如画、时光静好时，我们不能忘记这些能臣循吏曾经付出的心血和努力，一时的廉政都是“廉基”，可以成为从物质与精神两个层面都惠泽后世的“廉泽”。

为官要为民。民生问题，很多时候具体表现为一些琐碎繁杂的事务，涉及老百姓的衣食住行。一旦我们把其看作“廉务”，就会成为地方官员的重中之重。廉吏大人，还是关心民生的经世名宦。“民生”一词最早出现在《左传·宣公十二年》，所谓“民生在勤，勤则不匮”，这里的“民”，就是百姓的意思。宋代书法家米芾在《参赋》中有曰：“尧与禹敬时，命官以民为主，民之乐生，鼓腹歌舞。”无论在哪个时代，我们对廉吏大人的肯定都基于他们站在老百姓的立场上为老百姓谋求利益。从问民疾苦的周忱、维护苏州百姓的寇慎，到陶澍、林则徐这样的社稷重臣，他们为苏州的经济发展、民生安定，做出了巨大贡献。

崇文重教，是苏州城市精神的重要内容，也是苏州的廉吏大人区别于其他地方官员的一大特点。诸如范仲淹这样的名贤，以文教化育为己任，注重培养人才者，在苏州历史上不胜枚举。遍布苏州城乡的书院，诸

仁政

不虐无告，不废困穷，圣人之仁也。

尽心

一命之士，苟存心于爱物，必有所济，盖天下事莫非分所当为，凡事苟可用力者，无不尽心其间，则民之受惠者多矣。

合义

勿以小事而忽之，大小必求合义。

识见

处事识为先，断次之。

教化

法者辅治之具，当以教化为先。

清心

清心省事，为官切要，且有无限之乐。

如鹤山书院、紫阳书院、正谊书院，都见证了历代名贤官员对文化教育事业的重视。这些官员中，又有以韦应物、白居易、刘禹锡等为代表的几位风雅诗官。他们不仅用优美的诗笔描绘了苏州的秀丽山水，更在诗作中表达了“惟歌生民病”的济世情怀，他们给苏州留下的不仅是为官一时的政绩，更是“补种甘棠绕屋新”的遗风之德。我们把这个苏州特有的部分归纳为“廉教”。这些廉教不是教条主义，是官员们通过自身修养体现出的义教笃行。

追溯廉吏大人在苏州任上的作为，苏州城的地理特点、历史变迁，苏州人民经历过什么、推崇些什么，也如画卷一点点在我们眼前展开。太湖水浩渺无际，那么多的苏州官员们都在苏州太湖边与水相斗过、相亲过。人们总把廉吏与清水相比，而苏州的廉吏大人，不仅清廉如水，其为国为民的博大胸怀，也如这太湖水，以一种具有天地之灵的宽广仁厚滋养着苏州的人们。“律己以严，抚民以仁。”他们不仅为这座城市奠定了城基，还奠定了苏州人怀仁怀德的精神基础；他们不仅为后世树立了为官的廉风正气，更弘扬了刚正自律的中华为人之道！

壹

廉风

——清廉正直，高风亮节

孔子曾言："君子之德风。"廉风，是无愧于心的清风，是甘于清贫的高风亮节。洁身自爱，抵制诱惑，知易行难。苏州是富裕之地，苏州出生的官员和来苏州任职的官员，要在金钱堆起来的繁华中，守着寂寞，守着良心，不容易。

陆绩、鱼侃、海瑞、暴式昭……他们对自我的要求如此之高，他们的人格力量如此震撼人心，人们于是为他们竖起大拇指，在心中为他们竖起丰碑。

吴郁林太守陆公绩

郁林贤守
吴邦所瞻
怀橘知孝
载石表廉

陆绩：在一块石头上刻写“廉”

在中国文化传统中，一直盛行着爱石、赏石的风气。这其中虽不乏文人的猎奇心理，但更多的则是源自《周易》中的古训：“臭如兰”、“介于石”。这是一种典型的“比德”美学手法。石和兰一样，都被中国古代的文人士大夫赋予了君子的道德理想。所谓“介于石”，则是训诫君子要有“上不媚谄，下不亵渎，耿介不阿”的道德操守。

当然，在后代的统治者手里，这种讲风骨、重道德修为的文化传统，畸变为对珍贵石材和财富无休无止的狂热追捧，这是一种逆流，早已远离了中国文化的正统，是应该加以批判肃清的。

今天我们要讲的这块千古名石，并不是名贵的翡翠、田黄、寿山，也不是鸡血、南红、紫金，而是一块普普通通的压舱石。这块石头现今依然矗立在苏州文庙之中，供人瞻仰凭吊。不知在日渐疯狂的石头时尚潮流中，在周围古玩市场红火的交易和讨价还价的喧闹中，可否有人注意到它的存在，细细回味这块名石背后的故事？

这块平淡无奇的石头，“顽然数尺，重而不奇，蠢而不怪”——它实在太普通了，在哪座山上都随处可见、唾手可得，因而根本不入良工、好事者的法眼，正所谓“良工弃之，好事者藐之”。但它却又是那么与众不同，受到了历代贤人君子的无限敬重和激赏，他们甚至将它与“鲁璜”、

“秦璧”等而视之，个中原因何在？明代苏州状元吴宽在《廉石记》一文中言之甚明：“君子则赏之。岂徒赏之？又从而贵之、敬之，视其物殆与鲁璜、秦璧等，非物也，人也。”

所谓“山不在高，有仙则灵；水不在深，有龙则灵”，这块普通石头之所以受人尊崇，不缘于其质地的精良珍贵，而在于石头的主人——陆绩，以及陆绩与石头的一段感人故事。此事最早记载于《新唐书·陆龟蒙传》：“陆氏在姑苏，其门有巨石。远祖绩尝事吴，为郁林太守。罢归无装，舟轻不可越海，取石为重。人称其廉，号‘郁林石’。世保其居云。”

陆绩，字公纪，吴县（今苏州）人，东汉末年庐江太守陆康的儿子。陆绩幼时“怀橘孝母”的故事，后来成为“二十四孝”中的善举。孙坚、孙策父子在江东起兵的时候，年轻的陆绩便追随孙策。陆绩身材高大，武艺出众又博学多才，精通天文、数学，深得孙策的信任，逐渐成为孙策的得力部属。

孙策死后，孙权执掌东吴的政治、军事大权。孙权任命陆绩为奏曹掾，负责监督军政大事和各级官员。陆绩正直无私，即便是遇到主公孙权处理政事不当，也会当面直谏。孙权深知陆绩一心为国，刚正不阿，因此也不怪罪他。后来，孙权加封陆绩为偏将军，率领二千兵士前往岭南，镇守郁林（今广西桂平），并担任郁林太守。

陆绩在任上爱民如子，两袖清风，深受郁林百姓的爱戴。但由于水土不服，陆绩患上了风湿等多种疾病，身体每况愈下。孙权知道后，便下令免去他的职务，让他回乡休养。

等接任的官员到任后，陆绩便带着妻子儿女准备乘船回故乡吴县。他为政清廉，因此财物很少，行李十分简单，除了随身物品和数箱书籍以外，竟然并无其他东西，以至于船只太轻，不胜风浪，难以入海航行。艄公说：“你一家四口，所带东西不如一介寒士，船装得太轻，遇到狂风

《怀橘遗亲》陈少梅绘

大浪，极容易翻船，得想办法增加一些重量，防止意外。”于是，陆绩和家人买了一担笋干，用两只大瓮装好，放入船舱，可船还是吃水很浅。不得已，他让人从岸边搬来一块巨石放在舱内，这才能够顺利起航，平安返乡。陆绩回到家乡后，心生感念，也为了激励自己的子孙后代清廉守正，便请人将压船底的石头运回宅院，安置在自家大门前，手书“郁林石”三字镌刻其上。

吴县的百姓见陆太守离任回乡，运回的是普通的大石块，都称赞陆绩清廉，并把陆绩家门口的大石块称为“廉石”。

三国之后，经历了魏、晋、南北朝、隋、唐等时代，陆家宗嗣延续了

孝廉賢守
鬱林賢守吴邦所瞻
懷橘知孝載石表廉

右图：历经一千八百多年的历史变迁，廉石仍完好无损地立于苏州
左图：位于苏州府学内清风堂的陆绩纪念馆

六百多年，传到唐朝诗人陆龟蒙时，那块廉石仍屹立在陆家的大门前，警示着陆家的子孙后代。陆氏子孙也把“官无长物唯求石”这句话作为家训代代相传。

“官无长物唯求石”的训诫，不仅影响着陆氏子孙，也成为古往今来苏州仁人志士和任职苏州的官员的座右铭、官箴，“廉石之风”在苏州代代相传。明朝弘治九年（1496），监察御史樊祉把这块石头移入城中察院之侧，取名“廉石”，并请苏州著名文学家、状元吴宽写作了一篇《廉石记》，作为百官之诫。

清康熙四十八年（1709），陈鹏年为苏州知府，将廉石移至苏州府学中纪念明代清官况锺的况公祠前。现廉石存于文庙明伦堂前，成为激励、教育一代代苏州学子的生动教材。

明陕西按察使王公英

清廉敦厚

克守官箴

焚榇归骨

囊无一金

王英：最难说出口的口头禅

在中国历史上，朱元璋是反腐手腕最狠的一个皇帝。他极力主张“刑乱世用重典”。在他统治的时期，肃清贪腐的运动，历时久、措施严、手段狠、刑罚酷，是中国历史上所罕见的。洪武初年，朱元璋规定：凡贪污六十两白银，就要剥皮揎草，在衙门前示众。在他主持编纂的《大诰三编》中记载，由皇帝亲自惩办的贪污案，赃物不过就是“收受衣服一件、靴二双”，“圆领衣服一件”，“书四本、网巾一个、袜一双”而已。

与此同时，朱元璋也对廉洁自律、品德高尚的官员加以嘉奖，并树为典范，昆山人王英就是其中之一。

王英（1360—1422），字俊伯，江苏昆山人。洪武初，由乡校贡太学，以诸生选授山东道监察御史。王英处理公务以简静为治，明察秋毫，狱至而决，朝中的巨奸宿蠹，但凡听到他的名字，无不恐惧首伏。通过长时间的考察，朱元璋觉得王英是一位清正廉洁的可用之才，破格特命他署都御史事，并亲自御书“敦厚王英”四个大字，揭在殿柱之上，以示彰表，并以励百官。

王英立朝多年，先后担任过许多要职，其中包括刑部主事、刑部郎中、宁海知县、陕西按察使等，但他始终守正不阿，清正廉洁，旦夕兢兢

昆山周庄雪景。在昆山乡居的王英的道德品行亦如这纯洁白雪

谨畏。他时常对自己的妻子说："吾以身许国，其勿以死生为意。但吾获死于正，足矣。"以身许国，连自己的生死都可以置之度外。王英的所作所为，逐渐成为世人学习和效仿的榜样。

平日里，王英对同僚和朋友友正宽容。在昆山乡居的时候，他时常微服入郡城，了解民生疾苦。有一次，王英在微服入城的时候，穿着布衣，却忘记脱去脚上的靴。按照古代舆服的等级制度规定，庶民是严禁穿靴的。这件事很快被守城官发现了，就把他抓了起来。对此，王英并没有大发雷霆，而是淡淡一笑说："吾官人也。"直到王英取冠服示之，守城官才把他松绑释放。整个事件中，王英没有丝毫的愠怒之色。王英一生担任过许多要职，但凡地方官员为他准备了非常丰盛的美酒佳肴，再三邀请他出席，他都坚决谢绝。王英的一生，未尝有私谒，每当有人有私事来干谒的时候，他"辄逊谢之"，而时常挂在嘴边的一句口头禅就是："吾不能尔。"这些琐事，在王英去世六十多年之后，还时常在乡人间口耳相传。明代苏州状元吴宽在《王俊伯墓表》中，把这些流传于百姓间的口碑全部记录下来，为我们展现了这位廉吏的风采。

王英的一生恪守为官廉正的原则，清廉敦厚，两袖清风。永乐二十年（1422），王英病逝于泗州，在他的遗物中，竟无一金。故而沧浪亭五百名贤祠的像赞评其一生有曰："清廉敦厚，克守官箴。焚榇归骨，囊无一金。"

明开封府知府鱼公侃

贫不爱钱

廉亦非矫

关即不通

希风包老

鱼侃："第一清官"第一贫

"包龙图打坐在开封府……"京剧《铡美案》中的这段经典唱词，几乎是戏迷们张口就来的段子。

包拯，北宋时期著名的政治家，以清正廉洁、刚直不阿而著称于世。他铁面无私，英明决断，常常为百姓申诉冤屈不平，所以在民间有"包青天"、"包公"的美誉。因为他曾经担任过龙图阁直学士，所以后人也称他为"包龙图"。京剧《铡美案》的故事发生在包拯权知开封府期间，他不攀附权贵，秉公执法，将驸马爷陈世美送上龙头铡。所谓"权知"，即以朝廷临时差派某地的名义治事，"权知开封府"用今天的话来说，就是代理开封地方官。虽然包拯在开封府代理任职的时间并不是很长，但是，随着《铡美案》这一故事的流传，讲到开封府，人们自然而然地会想到"包公"，会联想到他的清正廉洁。

无独有偶，时至明朝，开封府迎来了一位来自苏州的"青天"——鱼侃。

鱼侃，字希直，晚号颐庵。南直隶苏州府常熟人。明永乐二十二年（1424）进士及第，先后担任刑部、工部主事。曾跟随都御史王竑监督漕运，在实地勘察之后，鱼侃觉得河道时有淤浅，水路航行极为不便，于是就奏请创设"浅滩夫"，随时疏浚，以确保河道的畅通，他的这一举措为时人所称颂。

公生明

清 慎 勤

上图：河南开封府府衙大堂及戒石
下图：开封府景区照壁上的『清慎勤』题字

后来，他出任开封知府，断狱如神，深得百姓爱戴。在开封府任职多年，他始终保持文人士大夫的操守，“居官廉明正直”，耿直不阿。在处理各种案件的过程中，他坚决不受请托。《国朝献征录》卷九十三谓其“苞苴避匿不敢进”。所谓“苞苴”，就是用于贿赂的各种礼物、礼品。面对物质的、金钱的诱惑，鱼侃坚决加以“屏绝”。在开封知府任期满后，鱼侃回到家乡常熟乡居，他随身的物品只有一只竹箱，箱内只有八两纹银。同样任职开封府，鱼侃传承了包拯的精神品格，所以也被时人称为“包老”。

回到家乡常熟后，鱼侃看到常熟县学中孔子像前缺少祭祀用的香炉、花瓶二物，就把自己在开封府知府卸任后所积攒的俸禄——八两银子，全部捐了出来，为县学购买香炉与花瓶，竟全然忘记了自己生活的艰辛和拮据。

鱼侃的生活到底拮据到何等程度，我们今天可以通过王应奎《柳南随笔》的记载，有形象准确的了解：

居家饔飧不继，家人愠见。公偶感得疾，日卧一小床，足不能履地。家不畜仆妾，起居无扶掖之者。床悬二绹，夫人间以麦粥进，必曰：“清官，麦粥在此。”公乃缘绹以起，食竟复缘之就枕，其苦如此。殁而仅存葛衣，竟用以殓焉。

这是鱼侃晚年生活的真实写照。他和家人时常要面临生活物资的短缺和匮乏，有了上顿没下顿，绝对不是夸大其词。有一次，鱼侃卧病在床，虚弱至极，双足竟不能着地。家里没有可吃的食物，他的妻子搜罗了家中可食之物，熬了一碗麦粥端给他吃。鱼侃要想起身喝粥都很难，只能借助床头的两条绳索，双手拽住，勉力起身。妻子见到这样的情景，不免也有怨恨之色，每次在递粥给丈夫的时候，都会流露出不悦，乃至嘲讽：“清官大老爷，麦粥在此，敬请享用吧！”但是，在艰苦的生活中，鱼侃始终坚守着儒家知识分子的操守，怡然自若，甘之如饴。常熟当地的官员知道他的处境以后，实在看不下去，想通过馈赠的方式接济他，但都被鱼侃婉言谢绝了。

鱼侃死后，连入殓的寿衣都没有，只能穿着平日里的布衣入殓。人们把他葬在常熟北山报慈里。

鱼侃的贤德美名，即便是古代的循吏大僚亦无以过之。不知是否因为官位太低，还是什么别的原因，《明史》竟不载其姓名。他的生前是清贫的，他死后也有很长一段时间是冷寂的，但家乡人并没有忘记他，为他立祀于乡贤祠。直到二百多年之后的崇祯年间，路振飞出任江苏巡按，巡行至常熟，听乡人说起鱼侃的事迹，便亲自前往鱼侃的墓前拜祭，并在墓前立了一块石碑，上面刻七个大字："第一清官鱼公墓"。路振飞来常熟拜谒并在墓前立碣者，总共三人，除了鱼侃之外，还有吴地文化始祖之一的仲雍和孔子的弟子子游（言偃，后世尊称为"言子"）。

又过了一百年，常熟有位著名学者王应奎，他始终为鱼侃的事迹未见于《明史》而深感遗憾，他觉得，像鱼侃这样的一代清官，历史却是如此漠视，这是绝对不应该的。所以，就在自己所著的《柳南随笔》卷三中，专为鱼侃立传，让后人永远地记住这样一位直士廉吏。

和鱼侃同时期，常熟还有一位清廉的士大夫钱昕。钱昕，字景寅，明正统十年（1445）进士，历任湖广布政使，以廉慎著称。而钱昕与鱼侃不一样的是，鱼侃出身贫寒，钱昕则是富家子弟，但是两人都有同样的美德，就是清廉不爱钱。吏部尚书王翱听闻此事之后，对两位贤德的廉士深表敬意，也颇为感慨，故而常将二人并称，称之曰："富不爱钱钱昕，贫不爱钱鱼侃。"

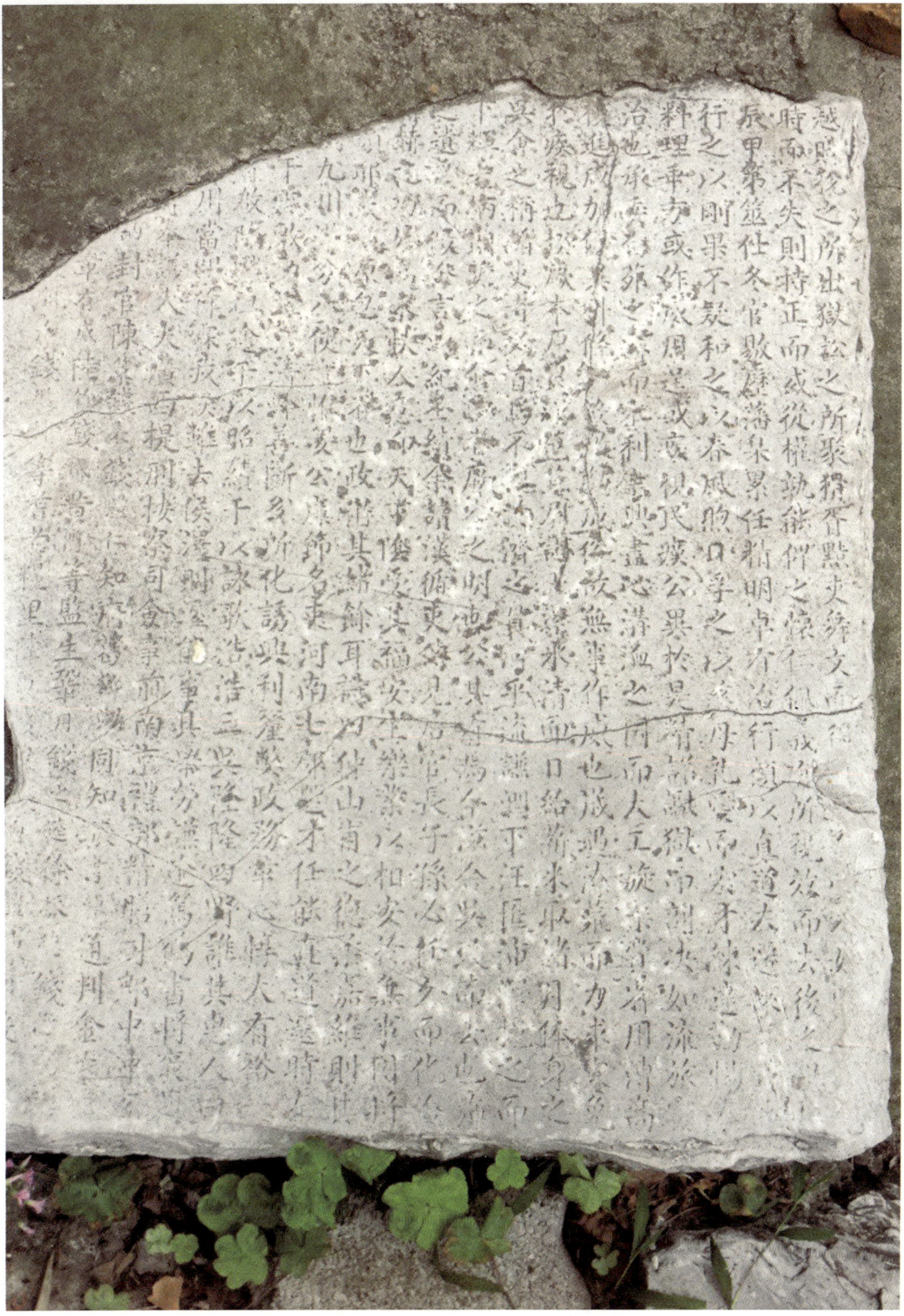
越…役之所出獄訟之所聚猾吏黠史舞文而
時而不失則持正而威從權執衡將之懷仁
辰甲第筮仕冬官數歷藩臬累任精明卓有治行
行之以剛果不疑和之以春風煦口孚之以

明刑部郎中缪公朴

学求其博

经抉其醇

却金平狱

草窝老人

缪朴：金钱理解不了的“草窝”人生

金钱的诱惑，考验着官员的道德操守和品质，在苏州有一位清介之士经受住了考验，他就是缪朴。他用自己的言行举止，真正践行了儒家知识分子“不为外物眩晃而动，则其心静”（欧阳修《非非堂记》）的处世立身原则。

缪朴，明代著名的清廉官员。字尚质，江苏常熟人。饱读诗书，深受儒家文化的熏陶，精通经学。常熟地方上的年轻书生们都喜欢跟随他游学，所以，他在常熟有很多弟子门生。明景泰二年（1451），缪朴进士及第，后累迁南京刑部郎中。缪朴为官清正廉明，一丝不苟。曾有一个人犯了法，按照大明刑律，应该处以重刑。他的家人希望通过托请，疏通关系，想贿赂缪朴，以求从轻发落，减轻刑罚。托请者给缪朴送去了一只炟鹅，这炟鹅表面上与一般炟鹅无异，但内里却大有乾坤，暗藏玄机——送礼托请者竟然在鹅的肚子里装满了黄金。当缪朴知道这件事情之后，不仅将所赠送的物品退还此人，还对他进行了严厉的处罚。苏州沧浪亭五百名贤祠刻石中缪朴的画像上有一句赞语曰：“却金平狱。”这正是这一故事的集中概括。

缪朴一生淡泊名利，年逾六十致仕。告老还乡之后，居住在家乡常熟，他给自己的居所起名为“草窝”。“草窝人生”、安贫乐道、甘之如饴的人生境界和处世哲学，大概是历史上所有清官的共性特点吧。

明四川右布政使陈公鎏

垦田有策

释降有胆

守己则廉

滇蜀同感

陈鎏：精神家园里可以摒弃一些东西

像缪朴这样不为金钱诱惑的贤德之士，在苏州还真是不少。明代苏州文学家、书法家陈鎏也有着相似的廉政故事。

陈鎏（1508—1575），字子兼，别号雨泉。陈家世代居住在城东葑门外甘节里。陈鎏自幼“端重，宽博有度”（申时行《四川布政使司右布政使进阶正奉大夫正治卿陈公墓志铭》）。有一个晚上，年幼的陈鎏独坐房中专心读书，小偷到他家中行窃，偷走了他的被子，他竟然丝毫没有察觉，依然读书自若。在学校读书的时候，他常常受困于食物之缺，处于贫困之中，却泰然若素，从“不以屑意”。

嘉靖十七年（1538），陈鎏得中进士，官授工部营缮司主事，负责湖北荆州地区榷市的税收。在当时，朝廷委派到地方上的税收官都以“率取盈额，或溢出以为能”。这些税收官对榷市的商户课以重税，以超额完成朝廷的税收任务而获得上级的赏识，从而获得仕途的升迁机会。但是，陈鎏坚决不愿意这样干，觉得这样的做法侵占了老百姓的利益，特别是“贾竖”（古代对商人的称呼）的利益，所以，他曾公开宣称：“吾不忍与贾竖争利。”就是这样一位清正廉洁的官员，在荆州得到了百姓的赞誉，但是他在一年的任期内，并没有完成税收任务。工部尚书考察之后，得知了他的廉洁自律和对百姓的关爱，也没有怪罪于他。

后来，陈鎏因担任四川右布政使和四川学政而来到四川。陈鎏为人坦荡平易，不设城府。在他刚到任时，有一位下属在赠送给他的罂蜜中暗藏黄金，作为贿赂之资。陈鎏打开食物之后，发现里面藏有黄金，立即把这位下属叫过来，先是问他："你是不是拿错了啊？你送给我的怎么会是黄金呢？"这位下属的回答竟然是"某固以例请"，他的意思是说，以前所有来本地的履新官员都是这样的，这是惯例而已。听到这番话，陈鎏无比激动地厉声答道："若不闻，吾以不取为例也？"最后，把所有的物品都归还给下属，并对他加以严厉的批评和诘责。

在担任四川学政的时候，陈鎏秉公办事，决不徇私情，对所有应试

右图：苏州现存最古老的明代匾额『文起堂』，为陈鎏所题

左图：《文会图》手卷 明·仇英绘 陈鎏题引首，文彭、文嘉、王世懋题跋

的考生一视同仁，完全不管其身世、背景，甚至连考生姓甚名谁，都毫不关心。作为学政，他真正关心的是要为国家选拔真正有才华的学子。对那些文章驯雅优秀者，他不遗余力地提携奖掖，对于抄袭剽窃的，他坚决罢黜。他每次在组织诸生考试的时候，只要考试一结束，就以最快的速度评出考生文章的“甲乙”等次，并将成绩交给有司去处理，自己绝对“不欲知其姓名”。因此，在他任职四川学政期间，考风考纪严格清明，“人亦无敢以私谒者”，而经由陈鎏选拔的有用之才也特别多。

陈鎏的一生，清廉为官，到他年老致仕、退居家乡的时候，时常因为“余奉不足”而生活拮据，然而他却怡然自足，每天以文墨自娱。写诗作书成为他人生最大的爱好，他也在诗、书中找到了精神家园。陈鎏的诗歌，风格冲远有致，如其为人。

有人曾问陈鎏，何以能在一生中始终保持清正廉洁而无大过，在他的回答中，有一句话是非常耐人寻味的，那就是：“平生鲜嗜好，故人莫得间。”正是因为这个原因，陈鎏做到了出淤泥而不染，清廉一生。他死后，申时行在给他写的墓志铭中，也写下了这样一段铭文，可与陈鎏的回答相映衬：

何白不缁，何平不陂？巧骛捷驰，悔亦乘之。公于世资，泊然如遗。进无诡随，退有委蛇。谓公舒迟，动无后时。谓公恬嬉，介然独持。

明应天巡抚谥忠介海公瑞

锄莠安良

豪强夺气

郑白同功

吴淞水利

海瑞：他与他们，水与火

1959年4月，毛泽东主席针对干部中不敢讲真话的问题，提倡学习明代清官海瑞“刚正不阿，直言敢谏”的精神。同年6月，著名历史学家吴晗发表了《海瑞骂皇帝》一文，此后又写出了剧本《海瑞罢官》，使得海瑞罢官的故事家喻户晓，妇孺皆知。

海瑞（1514—1587），字汝贤，号刚峰，广东琼山（今属海南省）人。自幼家教严格，在攻读诗书之余，立志要做一个刚直不阿、不谋取私利、不谄媚权贵的好官，因此他给自己取了一个寓意很明确的号“刚峰”。正是他的刚强正直，清正廉明，导致了他在腐朽的明代官场上三起三落，最终在贫病中故去。据《明史·海瑞传》记载，这位清廉的官员在去世的时候，竟然是“葛帏敝籯，有寒士所不堪者”，甚至连入殓的钱都没有，佥都御史王用汲见此情景，不禁泣下，最终为这位“海青天”捐资入殓。

吴晗先生的新编历史剧《海瑞罢官》选取了隆庆三年（1569），海瑞任职应天巡抚时所发生的故事。明代的应天府下辖应天、苏州、常州、镇江、松江、徽州、天平、宁国、安庆、池州十府及广德州，多为江南富庶的鱼米之乡。

应天巡抚的驻地在苏州。刚到苏州不久，海瑞就立即发布了《禁馈送告示》。在这篇《告示》中，海瑞明确指出：大凡送礼之人，都是“有所希求”的，今天这些人对我“少献殷勤”，其目的显而易见，那就是为了方便这些人在“他日禀公事”的时候，“取私债，多利钱粮，占人便宜，得以肆行无忌也”。海瑞不仅自己坚决不收受别人的馈赠，也不对上级阿谀行贿。在《告示》中，他还明确写道，应天府各州、县的老百姓都可以对他进行监督，一旦发现他自己不为公为民，而滥支、乱用府库的钱粮，可以击鼓攻之，他对自己决不自赦、姑息。

不久，海瑞又颁布了非常严格的《督抚宪约》三十六条，明确规定：巡抚出巡各地，一切从简，府、州、县官一律不准出城迎接，也不准设宴招待；至于接待朝廷大员的巡视招待，只能用鸡、肉、鱼、小瓶酒等，不许用鹅及金酒等奢侈品。具体标准是：物价高的地方纹银三钱，物价低的地方两钱，而这其中也包括蜡烛、柴火等开支；各处衙门公文用纸一律采用廉价纸张，公文前后不需留有空白；奢靡淫荡的风俗一律禁止。

海瑞来到苏州，应天十府的官员都战战兢兢，尤其是那些为官不正者，甚至纷纷要求去官离职，这在正史中是言之凿凿的：“属吏惮其威，墨者多自免去。”（《明史·海瑞传》）所谓“墨者”，也就是我们今天所说的有贪腐污点的官员。在海瑞厉行清廉节俭之风的背景下，江南的地主豪强，纷纷连夜把朱漆大门改漆成黑色，以免太过招摇。甚至连皇帝派驻在苏州监督织造的太监，平日里作威作福，也不得不“为减舆从”，把原来的八抬大轿减为四人小轿。

海瑞在苏州，不仅在吏治方面兴利除弊，更是以解决民生民瘼为己任。他“锐意兴革，请浚吴淞、白茆，通流入海，民赖其利”（《明史·海瑞传》）。吴淞江、白茆河是苏州境内两条重要的通江、通海河道，自此之后，苏州百姓的水患之虞顿消，老百姓深切地感受到海瑞兴修水利的好处。

当时，江南老百姓面对的最大问题就是豪强大户兼并土地，这使得百姓负担极其沉重，老百姓怨声载道。海瑞“素疾大户兼并”，面对江南土地兼并严重的实情，海瑞积极推行“一条鞭法”，“力摧豪强，抚穷弱”，“贫民田入于富室者，率夺还之”，使江南的老百姓得到安抚。他因这一举措深受老百姓的爱戴，江南百姓都称他为“海青天”。

在摧毁江南豪强势力的过程中，最为著名的就是处理徐阶家族的土地兼并案。徐阶是松江府告老还乡的太师，据《明史·海瑞传》记载：“徐阶罢相里居”，海瑞“按问其家无少贷”。对太师及其子女的处理毫不讲情面，就是所谓的“无少贷”。不仅如此，海瑞“下令飚发凌厉”，就是在他身边当差的有司也“惴惴奉行”，绝不敢有丝毫的懈怠。

吴晗先生的历史剧《海瑞罢官》就选取了这一故事，加以艺术的演绎，成为当代文学史上的经典剧作。剧中讲：太师徐阶告老还乡，里居松江，他的三子徐瑛鱼肉乡里，霸占了乡民的大量田地，还强占民女赵小兰。赵小兰的母亲洪阿兰到县衙告状，无奈华亭县令王明友受贿，反将赵小兰的祖父杖毙。身为应天巡抚的海瑞恰好微服出访，路遇洪阿兰。得知此情之后，海瑞查明真相，严厉判处徐瑛和王明友二人死罪，并饬令徐瑛退还侵占的田地。徐阶买通太监、权贵，妄图罢免海瑞，推翻海瑞的判决，海瑞识破奸计，毅然决然地处斩徐瑛、王明友二犯，然后交出大印，慨然罢官归里。剧作颂扬了海瑞为民申冤除害、执法严明、不畏强暴的精神，全剧充满着凛然正气。

这只是吴晗先生文学作品中的叙述，若要挖掘历史的真实细节，其中还有这样一个重要的背景不得不提及。那就是，在徐阶担任首辅大臣的时候，曾救过海瑞一命。当时海瑞曾因上奏请皇帝临朝勤政被关在狱中，刑部极力主张判处绞刑，徐阶将此事压置。可是，海瑞面对这位有救命之恩的朝廷重臣，却丝毫没有徇私包庇之意，依然严肃地秉公执法。在开始的时候，徐阶还自恃对海瑞曾经有恩，只是象征性地清退了一小部分田地，以大部分田地在儿子名下，自己也无能为力作为借口，想由此搪塞、敷衍过去。可是，在海瑞再三催促、督办之下，徐阶最终退还了近一半的田产。与此同时，海瑞还遣散了徐家众多家奴，严格查办了徐阶的三个儿子。此后，海瑞处理了很多土地兼并案，其秉公断案，执法不阿，在苏州有口皆碑。

就在百姓对海瑞交口称赞的时候，总有那么一小撮认为自己利益受到损害的豪强地主和官员对海瑞不满。他们暗中联络，弹劾海瑞。其中最为激烈的当数给事中戴凤翔。海瑞所勒令退还民田的乡官富豪中，有很多是他的亲戚、故旧，于是，他就以更为严厉的措辞参劾海瑞，说他“庇奸民，鱼肉搢绅，沽名乱政”（《明史·海瑞传》），以致纵民为“虎”，造成“种肥田不如告瘦状”的局面。正所谓“积毁销骨，众口铄金”，面对此起彼伏的弹劾奏章，海瑞终于被调离苏州，“改督南京粮储”。虽然海瑞在苏州任职时间并不是很长，但是深得民心。《明史·海瑞传》记载他离苏时的情景说：“瑞抚吴甫半岁。小民闻当去，号泣载道，家绘像祀之。”

就在他到南京“履新任”时，适逢高拱执掌吏部事宜，高拱一向衔恨于海瑞，所以，对海瑞的职务做了一番手脚。海瑞得知实情后，就托病辞职。在辞呈《告养病疏》中，海瑞痛斥：“举朝之士，皆妇人也。”这是他满腔愤懑的倾泻，

海南省博物馆内的海瑞雕像

海瑞《治安疏》全文。《治安疏》是海瑞写给明世宗朱厚熜的一篇奏疏，他在奏疏中大胆揭发官场的弊端，同时提出改革意见

也是无可奈何的感叹。

乡居的海瑞何尝忘怀过家国天下？万历皇帝即位之后，张居正出任首辅大臣，大力推行“一条鞭法”，极力处理江南地区的土地兼并问题。此时的海瑞希望自己能得到张居正的帮助，为他主持公道。然而，张居正认为海瑞不通人情，最终没有起用他。

在七十二岁高龄的时候，海瑞还给朝廷上疏建言，其中说道，自己“衰老垂死，愿比古人尸谏之义”。在上疏中，海瑞依然慷慨激昂，力主兴利除弊。他指出“陛下励精图治，而治化不臻”的原因，主要在于“贪吏之刑轻也”，所以，他特别强调惩治贪腐，甚至要求恢复朱元璋理政时期“剥皮囊草”以及“枉法八十贯”就论绞的严厉措施。海瑞所主张的虐刑，其言过甚，自然遭到了时议的批判，但他“规切时政，语极剀切”，确是其一片拳拳忠诚之意。

万历十五年（1587），七十四岁的海瑞辞世。江南的百姓听闻海瑞去世，在他出丧的当天，自发地为这位“青天”设祭、送葬，哀声不绝。

海瑞的一生，先后提出过许多治国平天下的意见和方略，但几乎所有的意见都没有被采纳或推行。这其中当然不乏他本人“行事不能无偏”（《明史·海瑞传》）的问题。除了偏激之外，最为根本的，则是因为他“意主于利民”，而个人毫无所求的清正廉洁和耿介忠诚，与封建官场贪赃枉法、徇私舞弊之风盛行的现实，完全势若水火。《剑桥中国明代史》将海瑞视为中国古代严峻守法官员的典型，他热心保护老百姓利益，制止豪强绅士的一切非法行为。而封建时代的既得利益集团为了保护自身的利益，对海瑞的弹劾自然是不遗余力，在这样的情势下，海瑞一次次罢官，也在情理之中。

《明史·海瑞传》中用了这样一段赞语，作为其一生的盖棺之论：“海瑞秉刚劲之性，戆直自遂，盖可希风汉汲黯、宋包拯。苦节自厉，诚为人所难能。”著名学者黄仁宇先生在《万历十五年》一书中，更用现代的眼光对海瑞的一生做出了精辟的分析和论述：“他的一生体现了一个有教养的读书人服务于公众而牺牲自我的精神。”虽然他的“这种精神的实际作用却至为微薄”，但海瑞却实实在在地成为中国历史上一个不可企及的道德典范，被后世永远地景仰。

清吴县太湖厅角头司巡检暴公式昭

惩霸救灾

修祠刻书

饮冰茹蘖

山民戴之

暴式昭：雪篷载米送清官

曾几何时，有这样一首歌曲广为传唱，也唱出了老百姓的心声："天地之间有杆秤，那秤砣是老百姓。秤杆子挑江山，你就是定盘的星。"这是电视连续剧《宰相刘罗锅》的主题曲。今天我们要讲的主人公却不是宰相刘罗锅，而是清末在苏州洞庭西山担任太湖厅甪头司巡检的从九品小吏暴式昭的故事。虽然官职小，但他却也如"定盘的星"。

暴式昭，字方子，河南滑县人。光绪四年（1878），以巡检指省江苏，补震泽县平望司巡检。巡检是清代文官体系中级别最低的官员，从九品，在现代，大概相当于派出所所长一类的职位。在吴江平望镇任职期间，暴式昭刻苦自厉，严守法纪律令，晚清大儒俞樾在《暴方子传》中说他凡"非其分所应得，一钱不取"，所以暴式昭一家人的生活一直都很清苦。他有心孝敬老母亲，但是常常是囊中羞涩，"不能具甘旨"以奉养，至于妻子、儿女就更不用说了。

在执行公务时，暴式昭始终秉公无私。当时的江苏巡抚谭叙初立志要整肃社会风气，革除种种社会陋习，诸如赌博、嫖娼宿妓、吸食鸦片等。铲除这些社会毒瘤，利国利民，但势必会遭到一些既得利益者的反对。要知道，晚清时期的赌场、妓院、鸦片烟馆，无不与官场有着或多或少的利益瓜葛，甚至有些官员还充当了他们的保护伞。但是，暴式昭不仅

暴式
揚清激濁倡廉風

位于苏州西山的暴式昭纪念馆。门前对联为“勤政爱民弘正气，扬清激浊倡廉风”，由中国楹联学会会长、著名书法家孟繁锦先生题写

右图：暴式昭纪念馆高悬的『湖山并永』匾额
左图：暴式昭塑像

自己平日从不以此为利，也不怕因办理这些案件而得罪有关人员，对上级的规定制度坚决支持，“文到奉行，诸弊竟绝”。暴式昭的工作得到巡抚谭叙初的嘉奖，谭公向朝廷举荐暴式昭和其他几位勤政廉洁、刚直不阿的“贤守”，“诏军机处存记”。

就在此时，适逢母亲去世，暴式昭只能去官丁忧。服丧期满，暴式昭补官，出任吴县太湖厅甪头司巡检，“清操愈厉”，他曾公开对身边的人说：“我母亲活着的时候，我都不会借口行孝而贪赃，始终坚持清正廉洁。现在我母亲不在了，我又有何理由为了妻儿的温饱去做不该做的事情呢？”他言之凿凿，而事实上也是这么做的。在西山岛上，他始终严于律己，自甘清贫，心系民生，他“兴利除弊，饮冰茹蘗”，深受百姓的拥戴。

光绪十一年（1885），暴式昭刚到西山，就废除了一项长久以来的陋规。按照旧俗，西山镇上的三家典当行，每年必须要向巡检司缴纳三十六万钱，暴式昭废除了这一陋规，将典当行缴纳的钱款全部捐给岛上的慈善机构“继善堂”，以解决老百姓生产、生活困难。

接着，暴式昭又发布了禁止赌博的布告，随后将许虎姐等六名聚众赌博的主犯捉拿归案。次年三月，他又在西山岛上公布禁止吸食、贩卖鸦片的布告，将贩卖鸦片烟的首犯严达三抓捕归案，绳之以法，以此警戒村

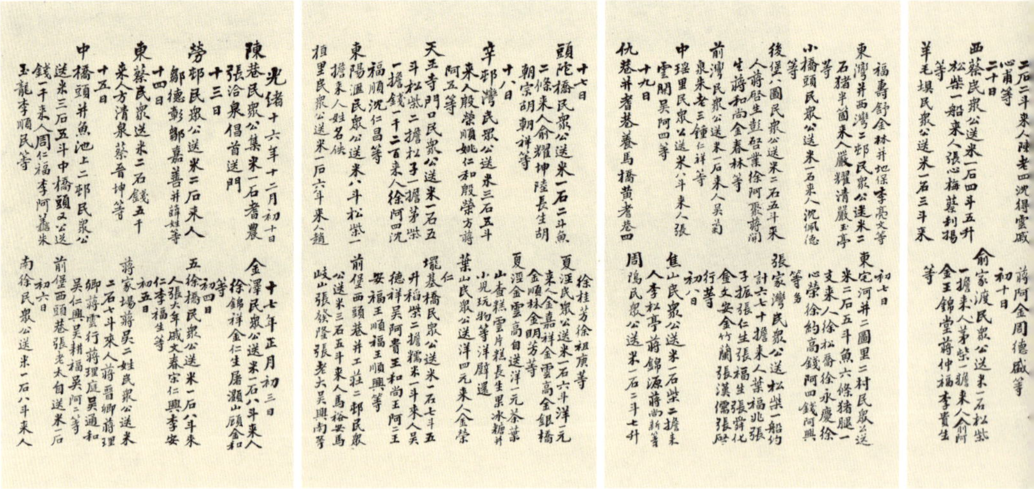

西山百姓给暴式昭送米的明细账本。该账本由秦敏树的外孙、西山人沈敬学抄录，账目共收米一百零四石八斗（约合一万五千七百斤）

民，并明确告示所有的老百姓："凡吸鸦片烟者，不论男女老幼，三天内，携带烟具、剩余烟土，亲往禹王庙提名存记、缴物。逾期者、转移窝藏者，严惩不赦。"在暴式昭的严厉措施之下，西山岛上的社会风气大大好转。

在治事的闲暇时间，寻碑访古是暴式昭最大的爱好，西山岛上丰富的历史文化遗存也让暴式昭深感文化建设的重要。寻访中，但凡发现即将倾圮、废弃的先贤祠、墓，他都一一加以整修保护，今存于西山包山禅寺中的顺治"敬佛"碑等，都得益于暴式昭的保护。他搜求辑录岛上遗老的诗文集，捐出自己本就微薄的薪水，刊刻行世，西山诗人张巳山的遗集就有赖于他的资助。

他的所作所为，与一般的封建官吏大相径庭，近代吴县著名学者曹允源在《林屋山民送米图》卷子的题词中说："其所施设，盖大异俗吏之所为。"而西山岛上的老百姓，先是觉得这位暴巡检有点不同寻常，背地里说他"痴"，但是，随着时间的推移，大家对这位"痴官"有了更多的认识，连连惊呼"好官也"。

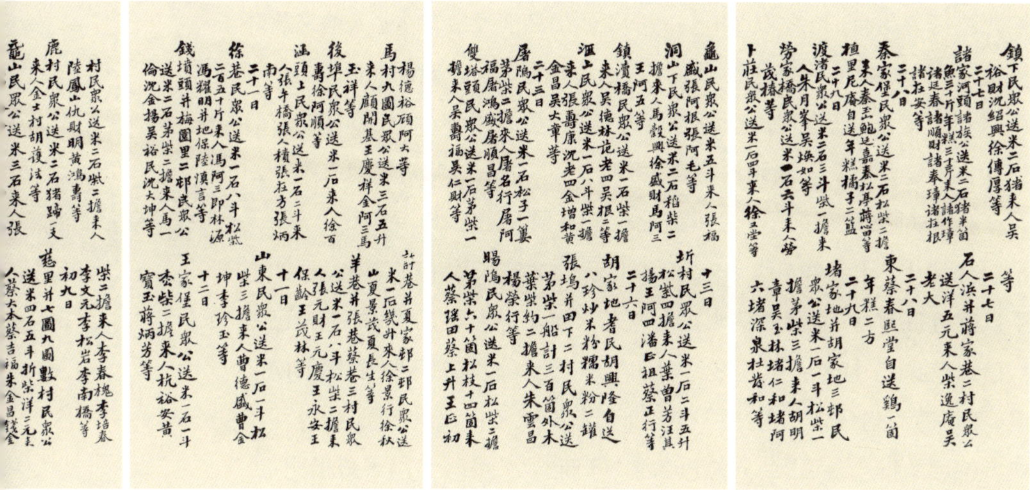

西山老百姓连连称暴式昭为“好官”，确确实实是发自肺腑的赞叹。每当遇到上司催租、蠲赈之类的事情，暴式昭宁愿得罪上司，也要想方设法庇护西山岛上的百姓，石芝嶵主在《林屋山民送米图》卷的题跋上就曾明确说到这点：“（暴式昭）以巡检官包山之西，亟亟民事，有所观纳，辄婞直上陈，亡虑触罝，以是官其上者多恶之。有识佥为之危，君固嚣嚣如也。”暴式昭“不唯上，只唯实”，以直道忤上，体现了中国古代正直知识分子唯民生是问的民本思想，也体现了崇高的人格精神。但他身边的朋友故旧无不对他的前途深表担忧。大儒俞樾和暴式昭的祖父暴大儒是同科进士。对暴式昭这位故人之孙，深居苏州陋巷的俞樾时有关切嘉勉，在给暴式昭的书信中，俞樾就曾痛陈肺腑之言，对暴式昭进行劝告：“百姓之讴歌，万不敌上官之考语，足下宜慎之。”但暴式昭依然不改本色，坚持清廉为政，为民请命。最终的结局，便真如俞樾所说的那样，上官以“莫须有”的罪名将暴式昭免职。

苏州洞庭西山的百姓历来以花果作为主要的经济来源，岛上的百姓把花果视为生命。光绪十六年（1890），西山岛上经常有外地人前来放蜂采蜜，严重影响了花果的收成。作为巡检，暴式昭就出面加以阻止，不料这却引发了一场官司，这场官司一直打到了苏州府。时任苏州知府的魁文农本是一个贪贿渎职的官吏，再加上平日里暴式昭对他时有顶撞，一直对暴式昭怀恨在心，于是就借此机会将暴式昭革职。

光绪十六年（1890）十一月，罢官后的暴式昭没有了薪水，再加上平日里清贫为官，微薄的薪水还时常用来接济老百姓，此时的他早已是“债累满身，一钱不存”，甚至“时届年终，无钱搬家”，更无钱回河南老家，只好暂时借住在西山。在这隆冬时节，暴式昭一家炊烟无温，受尽了饥寒冻馁的折磨，西山岛上的老百姓“闻而感泣，相率日以米薪相饷”，以接济这位廉洁清正的“好官”，更是通过这种方式来表达他们对这位“好官”的感激之意。

对于百姓的这份深情，暴式昭始终铭记在心，他把每一笔人情都

《林屋山民送米图》 清·秦敏树绘

记录下来，后给西山沈敬学抄录，这也就成了我们今天还能看到的那份《送米账本》。暴式昭在给苏州府的禀文中也详细记载了此事："每村家家公集，遂蔓延至八十余村，为户约七八千家。……处处醵集，村村馈赠，肩挑盘载，踊跃争先。即极小村落若张家湾、中瑶等处，亦复载柴一船，致米数斗，更有老妇于公送外复投度岁诸物，亦有老翁持肉，童子担酒，庵尼负菜，禅僧携茶相饷者。……一月之中，共收米百四石八斗，柴约十倍于米，他若鱼肉鸡鸭、糕酒果蔬之类，不可纪数。"面对西山岛民的馈赠，暴式昭只收取了其中的几斗米、几块肉、几条鱼作为家人过冬过年之用，而把其余的柴米鱼肉等都分给了贫困的百姓，其中分给慈善机构"继善堂"的大米就有六十石，柴草多达数百担。

这样的事情与贪腐绝对是不沾边的，但是就有人拿此事大做文章，说暴式昭有贪腐之嫌，苏州知府魁文农下令"暴式昭即日出省，毋任逗留"。在接到这份公文之后，暴式昭在禀文中义正词严地做出了回答：

“山民馈送柴米，系出于万众心情所愿，绝无一人乞求讨索，亦无一人劝谕嘱托……此乃万众心情所愿，怨者不能阻，爱者不能劝，非势驱利诱所能至，亦非乞求讨索所能得也。……此等赃私，非愚者莫能致，亦非愚者莫能得也。”“伏思五载林屋，恐辜名贤知遇，妄励清操。百姓追念畴昔，赠之柴米，坚辞犹然复来。”这样的话语掷地有声，也弘扬了人间正气。

光绪十七年（1891）三月初六，暴式昭携家眷离开苏州，返回河南老家，西山岛上的百姓四五百人至码头跪送，暴式昭夫妇也泣不成声，依依不舍而去。离开时，暴式昭随身的物品仅有书籍数十卷、质券一束而已。

光绪二十年（1894），甲午战争爆发后，因苏州人吴大澂的推荐，暴式昭随军出征山海关，到关外买马，往返千里，不私一钱。第二年，暴式昭积劳感疾，最后死于军中，年仅四十九岁。

西山百姓给暴式昭送米、送柴的故事，一时间广为流传，当时正在浙江游幕的西山人秦敏树听闻这一“山中嘉话”之后，便立即作诗，称赞暴式昭的清正廉洁，还画了一幅《林屋山民送米图》，请俞樾在卷首题词。著名词人郑文焯也画了一幅《雪篷载米图》，以赞颂暴式昭的事迹。后经过吴大澂、吴昌硕、曹允源、邓邦述、沈铿、江瀚等诸位名家的题咏，装裱成一幅长卷，作为宝贵的精神遗产，一直保存在暴氏后人手中。

1947年岁末，暴式昭的孙子暴春霆在北平，又持长卷遍请当时的名家胡适、朱光潜、冯友兰、游国恩、俞平伯、浦江清、朱自清、马衡、张东荪、陈垣、沈从文、黎锦熙、李石曾、张大千等题咏，著名画家徐悲鸿又在长卷上新画了一幅《雪篷载米图》。这份新的《林屋山民送米图卷子》，1948年由北平彩华印刷局以珂罗版印行，分赠题咏作者，在当时广为流传。这本画册在当时的出版，“未尝不可与我们眼前的腐败贪污的政治以一个有力的讽刺”（冯友兰题词），因此也受到了许多人的关注，著名学者张东荪在题词中就这样说道：“语云‘礼失求诸野’。黑暗时代，是非善恶之辨，只在

西山廉石。暴式昭回乡时也有三块压船石，后被收藏，2009年由西山孔荣进先生捐赠给暴式昭纪念馆，其中两块放在纪念馆内，另一块放在甪里古村的暴式昭故居宝稼堂内

人民。故一人倡议馈米，各村皆起应之，是公理犹在人心也。此《馈米图》在春霆本以表彰先人品德，而吾以为大有历史价值。即此一事亦已足证清室之必亡。盖未有贪污横行，是非不辨，赏罚不明，而能永临民上者也。”朱自清先生更以一首通俗浅切的白话诗，写出了老百姓的心声：

暴方子先生，这一个最小的官，
却傻心眼儿，偏好事好出主意。
丢了官没钱搬家更没米做饭，
老百姓上万家人给担柴送米。
上司训斥，说老百姓受他讹诈，
他却说，傻心眼儿的人有傻报。
这幅图这卷诗只说了一句话：
傻心眼儿的老百姓才真公道。

贰

廉政

——恪尽职守，力行实政

善政是“廉”的重要内容，是恪尽职守，是秉公办事，是公私分明，是光明磊落。能让苏州人记住和热爱的廉吏大人，从来都是把权力对准恶的势力，或抵制官党恶行，或反贪惩腐。他们把奉献交给老百姓，赈济灾民，雪冤扶困。力行实政，做实事，在一些时代会遇到阻力，会有不理解和嘲笑，但无论在哪个时代，人民的眼睛都是雪亮的。所谓“天地之间有杆秤，那秤砣是老百姓”，况锺、汤斌、陈鹏年……他们得到的是历史最公正的评价。

明苏州知府况公锺

法行民乐

任留秩迁

青天之誉

公无愧焉

况锺：刚正之气，卓特之才

“不可直恁的轻戕人命，直恁的重干天怒。……孟夫子有云：‘民为贵，社稷次之，君为轻。’民间苟有冤抑，便当力为昭雪。难道事出朝廷，便坐视不救么？”这段掷地有声的话语，出自清初苏州剧作家朱素臣的《十五贯》（又称《双熊梦》）。剧中说这段话的人便是明代苏州知府况锺。

况锺出生于江西靖安的一个贫寒家庭。他自幼聪颖好学，秉心方直，律己严明，习知礼仪，处事明敏。步入仕途后，况锺因为勤谨廉洁，博识干练，深得朝廷重用，一生中先后得到过朝廷三十一次奖赐。

朱素臣的剧作《十五贯》讲的是围绕十五贯钱发生的命案，着力塑造了苏州知府况锺清正廉洁、刚直不阿的形象。他体恤民情民意，办案机智、严谨。通过细致的明察暗访，况锺发现杀人凶手娄阿鼠的破绽，继而又乔装改扮成算命先生，套出娄阿鼠杀人的口供，最后澄清案件的黑白是非，将真正的凶手绳之以法，为蒙冤者平反昭雪。

1956年，昆曲《十五贯》在北京上演后，受到了毛泽东、周恩来等党和国家领导人的高度评价，并被积极推荐观看，使得况锺这位在苏州享有“包龙图再世”之名的清官顿时享誉全国。

据晚清著名学者俞樾《春在堂随笔》的考证，《十五贯》的故事

明鏡高懸
肅静
迴避

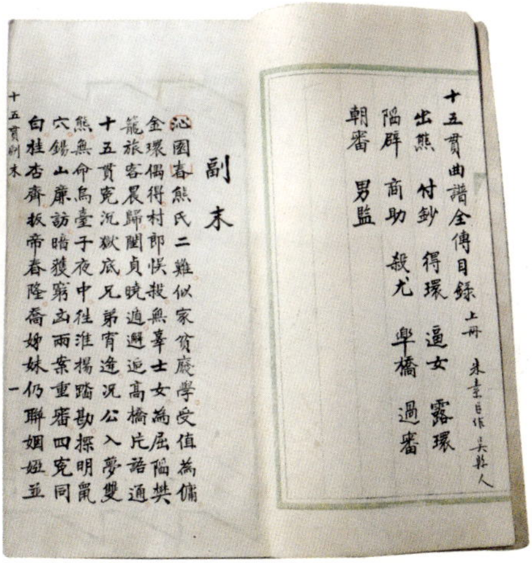

右图：《十五贯》书影

左图：位于中国昆曲博物馆魏梁遗韵内的昆曲《十五贯》场景

“事在南宋，非明时也。疑自宋传有‘十五贯’冤案，后人改易其本末，附会作况太守事。《十五贯》系本朝吴县朱素臣作，去况远矣”。由明代苏州人冯梦龙编纂的《醒世恒言》中就有《十五贯戏言成巧祸》，事情发生在南宋，这样的案件当然不可能由况锺来破。或许是因为历史上真实的况锺在担任苏州知府十三年的任期内，以民生为己任，“清风两袖，不带寸棉”，在苏州百姓中的口碑极佳，于是，剧作家便借用了这个故事，以艺术虚构的方式来塑造况锺这位清官的形象，以彰显民情民意吧。这正是冯梦龙所说的“理真事赝”了。在历史文献的记载中，况锺确实愿意、也善于为民断案。他对于“一切民情政务”，都做到“细心忖度，务求至当”。他始终怀揣着敬畏与谨慎之心，“深惧检察未周，陷于罪戾，上以辜负君恩，下以招小民嗟怨”。到任苏州后，况锺几乎每天都在各县轮流处理县事，不到一年，勘问过的各色轻重囚犯就多达一千五百二十多名。

宣德五年（1430），况锺受命前往当时“天下第一剧繁难治”之府——苏州，担任知府。临行前，皇帝关照他：“千里之民，安危皆系于尔，必使其衣食有资，礼义有教。”同时，还要求他注意体恤百姓之疾苦，“均其徭役，兴利除弊，一顺民情”。由此可见，况锺是多受朝廷倚重。

在苏州的十三年时间内，况锺恪守旨意，兢兢业业，呕心沥血，“视国事如家事，视民事如己事”，锐意改革，励精图治，使得积困已久的苏州“岁丰稔，家给人足”，社会安定，几无刑讼案件，尽现太平繁华景象。

初到苏州，况锺清醒地认识到：“法不应则吏奸难除，而民终不得蒙其利。”所以，他下车伊始，就着手解决吏治问题。据《明史·况锺传》记载，况锺初到苏州府衙处理公务，衙门里的群吏环立堂上，请知府大人下判牒，暗地里在察言观色，看新上任的知府如何行事。况锺假装不明白，左右顾盼，四下询问，唯以衙吏的意见和主张而处置。衙吏暗中大喜，私下里纷纷传言：“太守暗，易欺。”不料，三天过后，况锺把衙吏召集起来，对他们严厉地说：“先前有某事应该办，你们却阻止我；某件事不应该做，你们强逼我去做。你们这群人在衙门中摇摇笔杆子，动动嘴皮子，徇私舞弊之风盛行已久。按律处置，罪当死。”说完，当场诛杀几个贪虐不法之甚者，以儆效尤。其他人等，统统被训斥了一遍。一府大震，自此之后，苏州府中所有的官员、衙吏皆奉公守法。

此后，况锺在一次次的微服私访中，发现了不少碌碌无为和贪赃枉法的官员，连续弹劾罢免了经历司知事孙福、长洲县知县汪仕铭、常熟县知县刘正言、吴江县知县张肃、昆山县知县任豫、长洲县典史薛孟真等十多人。最终在苏州形成了“庶使奸贪无侥幸之门，正人有激扬之志”的风气。

苏作工艺素来就名闻天下，所以，明代以来，皇家派遣太监到苏州来采办各种织物、器物也就极为频繁，《明史·况锺传》中就有着明确的记载说：“中使织造采办及购花木禽鸟者踵至。”那些打着皇帝旗号的

昆剧《十五贯·见都》剧照 况锺由刘效扮演

况公祠

况公祠大门。况公祠位于苏州道前街西美巷，为市级文物保护单位。原址为五显庙，况锺丁忧期间曾在此读书会客。清道光六年（1826）建况公祠

太监，来到苏州“人人思饱囊橐而去”，耀武扬威，作威作福，借机敛财，贪赃枉法，“郡佐以下，动遭笞缚”。面对来自宫中的这些太监，况锺毫无惧色，和这种恶习进行了针锋相对的斗争，并上奏朝廷，力陈此弊，最终使苏州地区太监扰民的现象基本平息。《明史·况锺传》记载说，只要况锺在苏州，这些人就“敛迹不敢肆”，即便是上级官员“及他省吏过其地者，咸心惮之”。这也就有了后来苏州地方志中这样的记载：“况公之时十余年间，未尝罹内官之患。”

因苏州士绅、百姓在元末农民起义中拥戴张士诚，出于积忿，明太祖朱元璋登基后，就对苏州地区征收高额的赋税，在江南诸府中，“苏府最重”，“粮额独重”（《明史·食货志》）。况锺来苏州任知府时，苏州府所欠的田赋已高达八百万石之多，再加上各种自然灾害，苏州的府库早就入不敷出、异常空虚了。

况锺到任后，多次向朝廷上疏，力争减省苏州的重赋。这些上疏和建议，曾多次被驳回，但况锺始终心怀苏州的百姓，甚至冒着自己被治罪、贬官的危险，再三抗疏。在他的不懈努力下，朝廷多次赦免了苏州名目繁多的不合理赋税，最后，每年“减省一百五十六十万之数，俱为永制”。除此之外，况锺还免除了苏州地区本不应该征收的驿站马匹等各种苛捐杂税，大量减少了工部在苏州征收丝绸布匹的数额。他还和周忱在苏州设置“济农仓”，在丰收的年份低价购入粮食，以备饥荒时赈济灾民。况锺在赋税制度方面所做的这些改革，无疑大大地减轻了苏州百姓的经济负担，也为苏州经济的再度繁荣兴盛创造了休养生息的机会。

对于这位爱民如子的父母官，苏州人是心怀感恩的。况锺在苏州时，曾因为丁忧而离开，“郡民诣阙乞留”。丁忧期满后，况锺复任苏州。直到正统六年（1441），况锺任苏州知府九年，秩满当迁，要到京城朝见皇帝，并接受吏部的考绩。在况锺离开苏州的时候，苏州百姓恋恋不舍，郡民二万余人，纷纷向巡按御史张文昌联名上书，乞求让况锺留任苏州府。在此情景之下，况锺写下了两首诗，以明心迹：

其一

清风两袖去朝天，不带江南一寸棉。

惭愧士民相饯送，马前洒泪注如泉。

其二

检点行囊一担轻，长安望去几多程。

停鞭静忆为官日，事事堪持天日盟。

在京城考绩中，朝廷为彰表况锺的清正廉明，诏进授正三品俸禄，并让他继续担任苏州知府。当况锺再次返回苏州时，苏州人民喜悦无比，在民间还流传着这样的歌谣：“太守不回，我民不宁。太守归来，我民忻哉。”

在夙兴夜寐的辛劳中，一代廉吏况锺于正统七年岁末（公元1443年年初）死于苏州知府任上。

况青天的去世，让苏州城中的百姓哀痛不已，在地方志和史书中都有这样的记载：郡民纷纷罢市歇业，下属七个县邑的士绅百姓都前往祭奠，如哭私亲，就连附近的松江府、常州府、嘉兴府、湖州府之民，前来吊唁的也络绎不绝。次年，当况钟的灵柩从苏州运回江西老家时，苏州老百姓“倾城出送，白衣冠两岸夹舟，奠别出苏之境，略不断绝”。“锺刚正廉洁，孜孜爱民，前后守苏者莫能及”，为了纪念这位青天，苏州府以及所属七县都为况锺建祠堂，作为永久的纪念。

在苏州城内的西美巷，况公祠至今依然巍然屹立。而从文庙（苏州碑刻博物馆）内的《苏郡太守况公像赞碑》上，我们还可以一睹况公的风采，碑上的赞语更为全面地诠释、概括了况公的人生。其赞曰：

公刚正之气，卓特之才。其洁清之操，一尘不滓；其执守之固，千夫莫回。既明且果，亦敏以勤。官朝署也，事旦圣惟其敬；典候帮也，庇千里惟其仁。靡暴弗驯，靡悴弗煦，令行秋霜，惠流春雨。

明左副都御史谥忠烈杨公涟

六君同难
公居其先
策荣移宫
双手擎天

杨涟：东风何惧刀剑砍

“临财毋苟得，临难毋苟免。”《礼记·曲礼》中的这句话，成为后世许多知识分子铭记在心、并以其毕生的言行践行的人生信条。晚明名臣、东林党的中坚杨涟，便是其中的杰出代表。

杨涟，字文孺，号大洪，湖广应山（今属湖北广水）人。在杨涟的青年时代，以顾宪成、高攀龙为首的东林党人讲学活动正轰轰烈烈地开展，“风声、雨声、读书声，声声入耳；家事、国事、天下事，事事关心”感奋着天下的热血青年。东林党人以天下为己任、不畏权势、敢于议论朝政的勇气和凛然正气，让青年杨涟十分敬佩，他也成了东林党的铁杆“粉丝”。每次东林讲会，他都不计路途遥远和艰辛，想方设法赶到无锡参加，与诸君子“探性理之要，询治道之原”，共商治国、平天下之道。很快，杨涟就成为东林党的后起之秀。

万历三十五年（1607），杨涟在会试中进士及第，授职常熟知县。初到常熟，杨涟就到城隍庙，与城隍神相约，自己在任职期间绝对不会出现“不秉公而徇绅豪者”，并对天发誓曰：“有如日。”根据《东林列传》卷三记载，在常熟任知县期间，杨涟可谓尽心尽力，在公务的闲暇时间，他时常和常熟当地的读书人“相勉励”，“讲道论德无虚日”。为了了解当地真实民情，他常常青衫布履，深入田间、民舍，微服察访。他对闾里常熟方塔。杨涟进士及第后，授职常熟知县，施行善政，被人们尊称为『当代神君』

百姓的利病以及所需、所急了如指掌，并积极为他们谋划，大力改善民生，因而深受当地群众的拥戴，被人们尊称为“当代神君”。杨涟铁面无私，秉公执法，为民请命，在苏州官场营造了一种良好的风气，甚至于杨涟“在省垣，四方货贿不敢窥其门”。在常熟知县任满之后，杨涟回京参加吏部举行的官员考核，在所有京察的官员中，他因在常熟卓有成效的工作和良好的口碑而被推举为“廉吏第一”，升为户科给事中。

杨涟到底是如何清廉勤勉地工作的呢？读一读杨涟本人的一封书信即可知大概。在《寄高贵大兄》一文中，杨涟叙述了这样几件事情。

第一件是严厉查处侵占教学经费案。当他发现县衙里有官员将原来用于贴补县学开销的三百多亩学田据为己有后，非常恼怒。县学是地方培养人才的基地，也是文化的摇篮，教育经费岂可侵占？对此，杨涟毫不姑息，严厉追究、查办了当事人，将所有的学田收归县学，并把追回的赃款用于县学添置书籍。

第二件是查处了“税吏坑农案”。在税收检查中，杨涟发现常熟地方上负责收缴税收的官吏相互勾结，采用大秤收税的手段，多征收农民的税粮，严重地损害了老百姓的利益。对此，杨涟不仅查处了相关责任人，还将追缴的非法所得充公，用于常熟的水利建设。

第三件事情，是需要有很大的勇气的，因为他所面对的是晚明时期无处不在，又无比嚣张的群体——干政、乱政的太监。在万历时期，宫中有一大批太监受皇帝的指派，到全国各地去征敛财物，这些太监来到地方上，打着皇帝的旗号，大肆敛财，中饱私囊。面对这批身份特殊的人，许多地方官员一筹莫展，只得顺从他们的意思。为了满足这些贪得无厌的太监，地方上的税监就对老百姓课以名目繁多的苛捐杂税，使老百姓的负担更加沉重。在常熟，时常发生税监与老百姓之间的纷争和冲突，太监就依恃着朝廷的命令，以此为幌子，逼着县衙捉拿与税监发生冲突

明崇祯《魏忠贤小说斥奸书》插图

的百姓。杨涟很清楚这其中的乾坤、轻重，虽然只是一介县令，他却想方设法和这些人周旋，最后让涉事的百姓躲过劫难。对此，朝中清议曾评说杨涟“弄虿尾而忘其毒”，极力赞扬他的勇毅和坚定；也有人赞扬他的斗争智慧，说：“撩虎须不动声色，而虎之咆哮自弥。”

就是这样一位深得常熟百姓爱戴和交口夸赞的地方父母官，却时常得不到自己妻子的认可。在任职常熟知县的几年时间里，他清正廉洁，从不贪赃枉法，不仅把自己微薄的俸禄拿出来救济百姓，甚至还为此欠下了许多债务。所以，当杨涟即将从常熟离任的时候，自己不但没有任何积蓄，居然还欠下了近千两银子。他的妻子和家人不断抱怨，说他迂腐、无能。在无比苦闷中，他写了一篇《告常熟城隍文》，把自己心中的苦水向城隍老爷倾诉，字里行间流露出清官的心酸和人格魅力。

因在常熟的出色政绩和京察中获得“廉吏第一”的美誉，杨涟“擢

户科给事中，转兵科右给事中”，开始了他的京官生涯。在这里需要略加说明的是，杨涟在京城任职，其实并没有升迁。明朝的“给事中”，是与御史互为补充的职位，它的主要职责是掌管侍从、谏诤、拾遗、补阙、审核、封驳诏旨，驳正百司所上奏章，监察六部诸司，弹劾百官等纪检、监察之事。就官阶而言，与县令属于同级，都是正七品。但是杨涟对言官之职非常看重，敢于直言进谏，与朝廷中的一切黑暗势力进行艰苦卓绝的斗争。在晚明阉党专权、后宫乱政的黑暗政治背景下，在皇权更迭的政治危局中，他大义凛然，挺身而出，成为力挽狂澜的中流砥柱。对朝廷，他尽忠恪守，拥立“国本”，扶持太子即位，有“天下第一忠臣”的美誉；对祸乱朝政的一切奸佞之辈，无论是万历帝的遗孀郑贵妃，还是光宗的宠妃李选侍，抑或是煊赫一时的“九千岁”魏忠贤，他都毫无惧怕，也从不退缩，坚持不遗余力地除奸，故而有“明末第一猛士”之称。最后，杨涟也因为在与魏忠贤的斗争中，被诬陷、毒打，惨死狱中。

就在杨涟进京的那一年，万历皇帝已经病入膏肓，据史书记载："神宗疾，不食且半月，皇太子未得见。"此时，京城中政治形势非常微妙，万历皇帝随时都有驾崩的可能，而万历皇帝的宠妃郑贵妃心怀政治野心，想方设法不让太子朱常洛进宫探视，想在万历皇帝死后由她掌控局面，废除太子朱常洛，让其亲生之子继承皇位。郑贵妃之野心，路人皆知，可是朝中的一群达官要员都选择了视而不见，充耳不闻，以期全身避祸。就在此时，正七品的给事中杨涟挺身而出，在他和御史左光斗等人的积极斡旋和努力下，最终打破了郑贵妃等人对太子朱常洛的封锁。万历四十八年（1620）的农历七月二十一日，万历皇帝朱翊钧驾崩，时隔十天，太子朱常洛登基，改年号为泰昌，也就是历史上的明光宗。

据史书记载，明光宗在登基大典的当天，还是"玉履安和"，精神焕发，"冲粹无病容"。然而，令人生疑的是，就在登基后几天，明光宗身染重病，竟然卧床不起。就在此时，京城中传言四起，疯传在光宗皇帝病重期间，郑贵妃向皇帝进献美姬八人，并暗中指使太监崔文升给皇帝服食号称"仙丹"的猛药红丸，导致皇帝的病情日益恶化。

此时，郑贵妃暗中与光宗的宠妃李选侍勾结，郑贵妃请光宗皇帝封李选侍为皇后，李选侍亦向皇帝提出请封郑贵妃为皇太后。光宗不明就里，竟然应允此事，甚至催促礼部草诏册封文书。此时情况十分危急，在朝中大臣忧心忡忡的时候，又是七品小官杨涟挺身而出，他先上了一道《早立东宫疏》，建议光宗帝尽早立其长子朱由校为太子，彻底断绝郑贵妃、李选侍等人的非分之想，以稳定朝中局势，此建议即刻得到了采纳。随后，杨涟又上了一道《劾内官崔文升疏》，弹劾崔文升用药无状，并请求追查此事的幕后元凶和真相。此外，《疏》中还严正地指出，太后之封完全不合乎礼法，故而绝对不可："至贵妃封号，尤乖典常。尊以嫡母，若大行皇后何？尊以生母，若本生太后何？"此后又上《贵妃即移慈宁疏》，指出先帝已经驾崩，郑贵妃应该移居慈宁宫，不应对朝政有所干预。

杨涟指名道姓的直言进谏，让很多人都为他捏了一把汗。三天之后，光宗召见群臣，其中也有杨涟，众人都以为杨涟连续上疏“忤旨”，此番面圣，必遭廷杖。有人劝解杨涟，建议他见到皇帝之后，主动引罪，然而杨涟却丢下了这样掷地有声的一句话：“死即死耳，涟何罪？”

重病中的明光宗见到群臣之时，“数目涟”，和他“温言久之”，并对群臣说：“此乃天下第一忠臣。外廷毋信流言。”于是驱逐了崔文升，也放弃了封万历皇帝的郑贵妃为太后的打算。在之后的召见中，光宗皇帝都钦点杨涟参与。明光宗临终之前，将官阶只有正七品的杨涟指定为顾命大臣。杨涟无比感激，决定誓死报效朝廷。

明光宗即位不到一个月就撒手人寰，太子朱由校的即位问题立即成为朝堂上最敏感的话题和最为尖锐的斗争。此时的李选侍控制了乾清宫，与太监李进忠（即魏忠贤）密谋挟持太子朱由校，自己当皇太后，并借以把持朝政。当时以周嘉谟、张问达、李汝华为代表的一批朝官，都主张支持李选侍。就在此关键时刻，又是杨涟力挽狂澜，他怒骂挡道太监，抢出被李选侍等人控制的太子朱由校。之后，他又和一批内阁大臣迫促李选侍移出乾清宫，这就是晚明三大案之一的“移宫案”。在杨涟的积极辅助下，太子朱由校终于在九月六日登基即位，这就是历史上的明熹宗。第二年改年号天启。据《明史·杨涟传》记载，为了维护“国本”，辅助太子朱由校继位，在明光宗去世的前后六天时间里，杨涟“须发尽白”，天启帝也“数称忠臣”。

然而，杨涟等义士不顾个人安危奋力辅佐的新皇帝，却是一个无心朝政、昏聩无能的昏君，他只喜欢做木匠活，对朝堂大事毫无兴趣。在他执政时期，朝政弊病丛生，特别严重的是宦官魏忠贤和皇帝的乳母客氏互相勾结，在宫中独揽大权，肆意为虐。魏忠贤的权势煊赫一时，以“九千岁”自居，朝中很多品行不端的官员纷纷投靠魏忠贤，逐渐形成了势力庞大的“阉党”，对东林党人进行严酷的打击和残害。作为东林党的后起之秀，杨涟再一次站在与奸人斗争的最前列。

天启四年（1624）六月初一，杨涟给朝廷上奏《劾魏忠贤二十四罪疏》，这份字字句句击中魏忠贤要害的弹劾奏章，交到了负责向皇上呈递奏本的会极门，会极门内的当值太监并没有将此疏转达到皇帝手上，而是转到了魏忠贤手中。魏忠贤“初闻疏，惧甚”，因为杨涟在疏奏中所列的罪证确凿，而且件件都是铁证如山。但是，在客氏和阉党集团的阻挠下，杨涟对魏忠贤的弹劾，皇帝一直没有知晓。

时隔四个月，魏忠贤开始疯狂地反扑。先是进谗言，说杨涟“大不敬，无人臣礼”，将他和吏部侍郎陈于廷、佥都御史左光斗一起削籍卸职。至此，魏忠贤还是不肯善罢甘休，一直想方设法罗织罪名杀害杨涟。就在天启五年（1625），阉党党羽大理丞徐大化无中生有，造谣中伤，弹劾杨涟和左光斗“党同伐异，招权纳贿”，将杨涟等人逮捕入狱。为了陷害杨涟，阉党想通过刑讯逼供的方法制造所谓的“罪证”。即便这样，阉党都没有找到杨涟的任何污点。《明史·杨涟传》中还记载了这样一个细节：被刑讯逼供的人至死不承认自己向杨涟行过贿，仰天大呼道：“世岂有贪赃杨大洪哉！”

阉党实在无法给杨涟定罪，只能捏造供状，“自为狱词”，诬陷杨涟，“坐涟赃二万”，并把杨涟押解到京城。沿途的百姓听说此事，纷纷为他鸣不平，“拥道攀号”，并自发地为他“焚香建醮”，祈求上苍护佑杨涟能够避过此劫。

在狱中，阉党对杨涟用遍了锦衣卫所有的酷刑，“酷法拷讯”之下，杨涟“体无完肤”，皮肉溃烂生蛆。而杨涟依然不屈服，写下了《绝笔》，

北京明皇蜡像宫『东林奇冤』场景。1624年起，东林党人遭到魏忠贤大规模迫害，很多主要人物都被罢官治罪，受酷刑致死

揭示“移宫案”的真相，痛斥魏忠贤乱政祸国。在魏忠贤的指示下，阉党对杨涟施以“土囊压身，铁钉贯耳”的酷刑，最后在天启五年（1625）七月二十四日，阉党在杨涟头部钉入一枚大铁钉，终将其害死。临刑之前，杨涟留下了血书，其中写道：“大笑大笑还大笑，刀砍东风，于我何有哉！”如此斩截之语、铿锵之音，直将杨涟满腔的热血、赤诚的丹心以及铮铮铁骨，表现得淋漓尽致，它也成为跨越千年时空而终究不朽的精神遗产。

皇清工部尚书江南巡抚谥文正汤公斌

学宗孔孟
政媲龚黄
千秋俎豆
民不能忘

汤斌：煮不出官味的“豆腐汤”

在清代历史上，有三位名臣因其卓特的学识和为官清正，在其身后，“以名臣从祀孔子庙”。这在古代社会是莫大的荣耀，也是朝廷所给予的最高褒奖。他们是汤斌、陆陇其、张伯行。对这三位名臣，《清史稿》是这样评价的：他们都能将自己所学，“躬行实践，施于政事”，“皆能无负其所学”，“陇其官止御史，而廉能清正，民爱之如父母，与斌、伯行如一，其不为时所容而为圣祖所爱护也亦如一”。其中，汤斌、张伯行都曾在苏州任职，他们的故事在苏州也广为流传。

汤斌，字孔伯，号荆岘，晚号潜庵。天启七年（1627），汤斌出生于河南睢州，他在明末农民起义的战乱中度过了青少年时代，他的母亲也在战乱中殉难，母亲的节烈之举，对汤斌影响极大。

顺治九年（1652），汤斌考中进士，选为庶吉士，任职国史院检讨。当时，正值《明史》修纂之际，汤斌应诏进言道：“《宋史》修于元至正，而不讳文天祥、谢枋得之忠；《元史》修于明洪武，而亦著丁好礼、巴颜布哈之义。”所以，他认为对明清易代之际那些“抗节不屈、临危致命”的前明大臣、官员不可以因为他们抗清而“概以叛书”，应该“命纂修诸臣”秉笔直书，“勿事瞻顾”，不要有太多的顾忌。此论一出，舆论哗然，大学士冯铨、金之俊旋即弹劾汤斌，说他谬奖悖逆之党，应该“拟旨严饬”，但是顺治皇帝不允，特召他到南苑，对他进行慰谕。

汤斌像

当时地方政府缺员严重，尤以府、道官员奇缺，顺治帝以为“用人方亟”，御选汤斌在内的十位翰林官员到地方任职，汤斌被指派到陕西，担任潼关兵备道。此时的陕西，在经历明末农民起义的兵燹动荡后，社会极其不稳定，“人鲜知学”。汤斌到任之后，首先修葺文庙，推行教化，对老百姓诲诱谆切，使得民心安定，始重礼义。

潼关地处陕西、河南两省的交界处，当地有些百姓所耕种的田地在邻省河南，但他们承担的一直都是陕西省的徭役和赋税。河南人依恃着汤斌是河南同乡，想要以陕西老百姓缴纳的役税抵充河南的份额，这样势必会造成这些老百姓要承担双重的赋税和徭役。汤斌知道以后，严加斥责，明确规定，一切照旧规。对于那些谋害百姓利益的豪强奸猾者，汤斌查实一个，就严处一个，严重者杖毙，极大地维护了当地老百姓的利益。

其后，汤斌顾念父亲年迈体衰，向朝廷告假，家居照顾父亲。在父亲去世、丁忧期满后，他听闻理学大师孙奇逢的大名，于是就前往拜访，向孙奇逢问学。孙奇逢先生主张将理论和实践紧密结合，反对把“讲论”和“践履”“析为二事”，注重身体力行，特别强调学问要经世致用，他曾说：“滞事物以穷理，沉溺迹象，既支离而无本；离事物而致知，隳聪黜明，亦虚空而鲜实。”所以，他在和人论学的时候，“必先明义利之界，谨诚伪之关”，在汤斌看来，这才是真经学、真道学。汤斌潜心学习，最终成为清代学术史上著名的理学家，也成了清代理学家中不可多得的务实勤谨的实干家。他的学识也深得康熙皇帝的赏识。

康熙十七年（1678），汤斌举博学鸿儒，试一等，授翰林院侍讲，参与修纂《明史》。二十年（1681），充日讲起居注官、浙江乡试正考官。二十一年（1682），被任命为《明史》总裁官。后升任内阁学士。

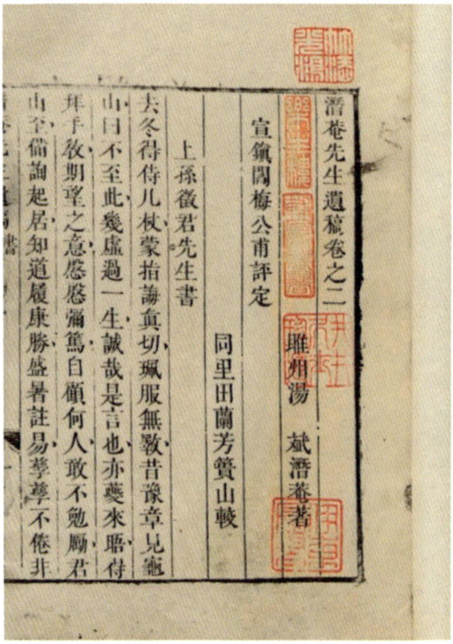
潛菴先生遺稿卷之二　睢州湯　斌潛菴著
宣鎭閻梅公甫評定　同里田蘭芳簣山較
上孫徵君先生書
去冬得侍几杖蒙指誨眞切佩服無斁昔豫章見龜
山曰不至此幾虛過一生誠哉是言也亦蘷來聽待
拜手敎朂望之意懸懸彌篤自顧何人敢不勉勵君
山至備詢起居知道履康勝盛暑註易孳孳不倦非

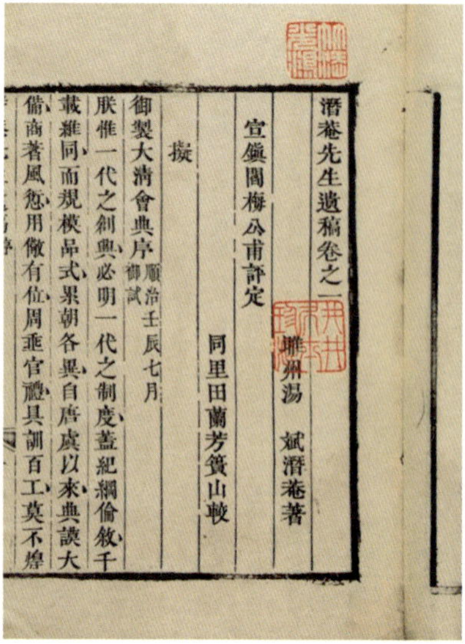
潛菴先生遺稿卷之一　睢州湯　斌潛菴著
宣鎭閻梅公甫評定　同里田蘭芳簣山較
擬
御製大淸會典序 順治壬辰七月御試
朕惟一代之興必明一代之制度蓋紀綱倫敘千
載維同而規模品式累朝各異自唐虞以來典謨大
備商著風愆周儆有位周垂官禮具訓百工莫不遵

《潜庵先生遗稿》 清·汤斌著

就在此时，江宁巡抚一职缺员，朝廷公开推荐候选人，康熙帝说：“当今天下，以道学而著称的人很多是言行相悖不一的，但是，我听说汤斌跟从孙奇逢学习，不仅理论素养突出，而且知行合一，有操守，完全可以胜任江宁巡抚。”在汤斌就任前，康熙帝召见了他，并对他语重心长地说道：“做官应该以正风俗为首要任务。江苏地处繁华，习尚华侈，所以你到任以后，必须有意识地化导，移风易俗。这事绝对不是旦夕之事，必须从容渐进。”临行时，康熙帝赐汤斌御书三轴，说：“今当远离，展此如对朕也！”

来到苏州，汤斌首先面对的是前一年水灾的善后工作。一年前，余国柱担任江宁巡抚，在江南扬州水灾之后就向朝廷上表说：“扬州水灾已退，田地可以复耕，明年就可以正常征税了。”汤斌到任后，经过仔细地复核勘察，发现还有很多田地浸没在水中，即便是露出水面的土地，也没有来得及补种，所以第二年根本无法正常纳税。于是，他立即给朝廷上奏折，请求暂停前议，免除江南扬州一带的赋税。

汤斌出任江苏巡抚的第二年，淮阴、扬州、徐州三府又一次遭受水灾，苏北地区数十万百姓流离失所。汤斌逐条列出赈灾救济的事宜，下令各县打开官仓赈灾，又发动全部官员捐款救灾。同时，汤斌下令江苏布政使从国库拨出存银五万两，从粮食储备丰盈的湖广地区采购大米。前往湖广采购大米的官员按照汤斌的部署，在沿途散布消息，说扬州的米价暴涨，每斗一两银子。各地粮商见有利可图，闻风而动，大量的粮食运输到了扬州，使得扬州大米供过于求，迅速平稳了扬州地区的粮价，大大地缓解了江苏的粮荒。汤斌自己身先士卒，亲自前往清河、桃源、宿迁、邳州、丰州诸县视察赈灾。康熙帝得到江苏的上疏之后，特命侍郎素赫前往江苏，辅助汤斌一起做好赈灾工作。

世人都说江南福地，富甲天下，但是汤斌来到苏州一年，不仅连续处理了两次水灾造成的社会动荡，更在实地考察中发现了很多弊政，了解到江南的经济、社会现状并非如传说中那么太平无忧，尤其是江南老百姓的负担非常沉重。他觉得，作为地方父母官，自己有责任、更有义务为江南的老百姓减轻负担。康熙二十四年（1685），他给朝廷上表，其中说道："江南的苏州、松江两府，土地稀少，人口稠密，土地不可能再有所增加，但是就在这区区两府的土地上，承担的赋税却相当于其他大省百余个州赋税的总和。因此，在沉重的赋税之下，江南出现了民生凋敝、民力日绌的情况，而很多官员对此却置若罔闻。因为官吏们只顾惜自己的功名，为了保全自己的乌纱帽，他们必多苟且，甚至不惜动用严刑参罚期迫。有些人甚至变本加厉，主动加请税收，以积累所谓的'政绩'；更有甚者，巧立名目，征收各种非法的苛捐杂税，中饱私囊。于是乎，在江南就出现了这样的情况，百姓脂膏已竭，有司智勇俱困，而贪赃枉法者却是骄奢淫逸，奢靡之风盛行。”这是对当时官场弊政、顽症最为尖锐的批判，也是在为民请命。在汤斌多次上表呼吁之后，朝廷减免了江苏的不少赋税。

就在朝廷大幅蠲免江南赋税之后，前任江宁巡抚余国柱派人对汤斌说：“皆明珠力，江南人宜有以报之。”明珠是当时的权臣，朝中大小官员依附者极多，特别是地方上的官员，向明珠馈送金银者，更是络绎不绝。余国柱作为明珠的亲信，传话给汤斌的意思，明眼人一看便知是索贿，但最终却遭到了汤斌的拒绝。汤斌不俯仰权臣之鼻息，表现出正直之士的气节和操守。对于明珠政治集团结党营私的所作所为，汤斌有着很清楚的认识，所以，明珠集团所行之事，汤斌曾多次加以阻止抵制，因而衔恨于明珠、余国柱等人。明珠一党，曾经以“莫须有”罪名的奏陈弹劾汤斌，说他在苏州有诽谤皇帝之语，“爱民有心，救民无术”，建议罢免汤斌。但是，康熙帝信任汤斌，对其优厚，明珠党人的算计并未成功。

苏州任职期间，除了解决百姓的赋税、经济问题之外，汤斌更注重吏治的整饬和民风的教化，在他看来，这才是一个地方长治久安的根本。汤斌非常注重对官员自身素质的考察和历练，他常对身边的人说：“公则明，廉则威。”

在清代学者沈起凤所著的《谐铎》中记载了这样一则故事，说是汤斌在到任苏州之后，新任常熟县尉南昌某氏，整装束发，前往苏州，到了江苏巡抚衙门，投上自己的名帖，想拜见汤斌，但是前后十次，都没有得到巡抚汤斌的接见。就在这位新任县尉百思不得其解的时候，汤斌让下属传话说：“某氏不必赴任常熟县尉，因为他的名字已经被我写在了弹劾的奏章上了。”某氏询问：“因何而被巡抚大人所弹劾？”答曰：“贪。”某氏非常奇怪地说道：“我还没有履任，赃款何从而来？其中必然是弄错了，请让我当面向巡抚大人陈述。”下属立即入禀，不久就出来传汤斌之命：“你

据《石湖志》，南宋咸淳间，建五通庙于山上，名『五显灵顺庙』，俗称『五圣祠』，祀奉五通神

难道就不记得当年在书肆中的事了吗？你在做秀才的时候，尚且把一钱视如性命，现在侥幸做了地方官，又怎知你能不探囊胠箧，头顶着乌纱帽，暗地里却行劫贼之事呢？请你立即卸职回乡吧。”

原来，在数年以前，汤斌在北京延寿寺街的一家书肆中亲眼看见了一件小事，让他印象非常深刻。有一个少年正在买《吕氏春秋》，不小心掉了一钱在地上，而旁边有一个人就悄悄地用脚踩住，等到买书的少年离开之后，旁边的人就把这钱俯拾而去。坐在一旁的汤斌凝视良久，非常生气，暗中打听那个捡钱者的姓名——南昌某氏，随即冷笑而去。不曾想到，眼前十次前来拜见的新任常熟县尉竟然是当年的南昌某氏！汤斌觉得，此人在年轻时，视“一钱如命”，任职地方，必存贪念，绝不可用！

这位新任常熟县尉听到汤斌的这番话，想起旧事，才意识到眼前的巡抚大人汤斌，就是当年在延寿寺街书铺中叩问姓名的老者，不禁万分惭

愧，弃官而去。这一故事在苏州广为流传，对所有的官员起着警示作用。

在苏州任职期间，汤斌还十分重视对老百姓的教化，他采取了一系列的措施，在苏州移风易俗。其中最深得民心的一件事就是破除封建迷信，禁毁上方山上的五通神祠。

江南的农村，不知从什么时候开始，有供奉五通神的习俗。据说，五通神又称“五郎神”、“五猖神”，是横行乡野、淫人妻女的妖鬼，专做奸恶之事，在江南一带尤为厉害。为了避免五通神作祟，江南百姓广设庙宇供奉祭祀五通神，其目的就是通过香火供奉贿赂神灵，从而免患得福。数百年以来，苏州老百姓在祭拜“五通神”上的花费不计其数，在民间有“肉山酒海”的说法，说的是供奉的牺牲祭品堆积起来，足以和上方山试比高，而敬献给所谓“神灵”的美酒，更足以填满石湖。不仅如此，巫师还妖言惑众，让人把年轻貌美的女子投入石湖之中，说是为五通神娶新妇。在巫师的肆意鼓吹下，苏州百姓对五通神恐慌惧怕不已，

位于石湖的天镜阁

深受其苦，但是敢怒而不敢言。

汤斌来到苏州，了解到这一情况后，立即销毁了五通神祠中的偶像，木雕塑像用火焚烧，泥塑的则沉到水中，并且明令省内所辖各州、县，但凡有类似淫祀的庙宇，统统焚毁。面对汤斌大刀阔斧的兴利除弊，巫师神汉心有不甘，曾经派人伪装成木偶神像，潜入石湖底，等汤斌的行船经过时，从水底浮出水面，装神弄鬼。对此，汤斌毫无惧色，从水中抓出装扮木偶神像的人，经审问，真相大白于天下，由此也让苏州的老百姓明白，鬼怪神灵根本不存在。

在拆毁迷信祠宇的过程中，所有拆下来的木料、砖石，都被汤斌用于修建学校，推行教化。据《清史稿》的记载，他命令各州、县创立社学，讲《孝经》和语言文字之学；为了彰表苏州历史上的贤德之士，汤斌主持修建了泰伯祠、范仲淹祠和周顺昌祠；为了提倡俭以养德，杜绝铺张浪费的现象，他明文规定，严禁胥吏、倡优穿着裘皮、丝帛等华贵的衣

民不能忘

位于胥门接官厅的石牌坊，上面写着『民不能忘』四个大字

装。衙门颁布的这些规定，汤斌自己身先士卒，身体力行。他曾先后在陕西、江西、江苏、北京四地做过官，从政多年，一直都以勤政恤民、生活简朴而著称。汤斌在苏州任职期间，明确规定，鱼肉荤腥一概不入衙署，每日只买三块豆腐作菜肴，被老百姓尊称为“豆腐汤”。这一绰号虽然不雅，其中却实实在在地透露出老百姓对这位地方父母官极高的评价和赞誉。清代著名学者方苞在《汤司空逸事》一文中称赞汤斌说：“国朝语名臣，必首推睢州汤公。”现代小说作家高阳也把汤斌作为古代十大清官之一，写在他的小说《清官册》中，称誉他为爱民亲民、煮不出官味的“豆腐汤”。

汤斌的一生，清正廉明，所到之处，体恤民艰，弊绝风清，政绩斐然。他生前身后都深得老百姓的爱戴。康熙二十五年（1686），汤斌升任礼部尚书掌詹事府事。就在他离开苏州的时候，苏州的百姓数万人罢市歇业多天，夹道挽留这位廉吏大人。次年，汤斌在京城病逝，消息传到苏州，老百姓为了纪念他，在胥门接官厅修建了一座石牌坊，上面赫然写着“民不能忘”四个大字。与此同时，苏州百姓还在府学旁为汤斌建祠纪念。雍正年间，皇帝诏告天下，汤斌入祀贤良祠；乾隆元年（1736），朝廷为汤斌追封谥号“文正”；道光三年（1823），奉旨从祀孔子文庙。

“洁己率属，实心任事”（语见《清史稿·汤斌传》），这是康熙帝对汤斌的评价，而苏州老百姓则用一句大白话“民不能忘”，表达出对这位一清二白的地方官——“豆腐汤”的崇敬之情。

皇清江苏巡抚礼部尚书谥清恪张公伯行

实学积躬

清风作颂

中州三贤

后汤先宋

张伯行：名节在“一丝一粒”中

张伯行刚直不阿，清正廉洁，每不为世俗所容，但深得康熙皇帝的赏识和爱护，这在中国历史上也是少有的奇闻。康熙四十六年（1707），康熙南巡至苏州，曾谕左右群臣说：“朕闻张伯行居官甚清，最不易得。”当康熙得知张伯行的名字不在吏部所举荐的贤能官员之列时，不但接见了张伯行，并当着群臣的面说：“朕久识汝，朕自举之。他日居官而善，天下以朕为知人。”

康熙对张伯行的了解还要从四年前说起。张伯行进士及第之后，在康熙四十二年（1703）担任山东济宁道台。此时正值山东饥荒，张伯行立即从家乡运来钱、粮，并缝制棉衣，用来解救老百姓于饥寒。朝廷下旨，让山东各地按道为单位，对辖区内的灾民进行赈济。张伯行立即调配粮食二万二千六百多石，用来赈济汶上、阳谷两县，山东布政使却认为他独断专擅，想要上奏折弹劾他，张伯行据理力争说：“朝廷下旨赈济灾民，我只是按旨行事，绝对算不上专擅独断。当今皇上如此重视民生之疾苦，那么，在你看来，是谷仓中的粮食重要呢，还是老百姓的人命重要呢？”面对张伯行的质疑，布政使只得作罢。康熙帝知道此事后，对张伯行的行为颇为称赞。康熙四十五年（1706），康熙帝南巡至山东，御书“布泽安流”四字匾额，赐给张伯行，并升任张伯行为江苏按察使，作为对他的嘉奖。

作为按察使，张伯行一来到苏州便身先士卒，力改官场的积习旧弊。按照旧例，新任官员要向巡抚、总督等上司要员馈赠礼金，当时的行情是四千两白银。但张伯行认为许多人进献上司的礼金都是攫取的民脂民膏，这样的旧习无疑滋长了官场的贪腐之风，于是坚拒进献礼金，并愤然说道："吾誓不取民一钱，安能办此？"他也由此得罪了一些上司，尤其是时任江苏总督的噶礼，所以在吏部议定各地廉吏能臣的时候，就没有张伯行的名字，于是就出现了本文开始时所述的康熙帝亲自举荐张伯行的故事。

随后不久，张伯行又升任福建巡抚。在福建任上，他先后疏请朝廷减免当时的台湾、凤山、诸罗三地的荒赋。面对福建米价昂贵的紧急情况，他请求调拨国库中的帑银五万两，到湖广、江西、广东等地购买平价大米，平粜给老百姓，以解决饥荒问题。在修建鳌峰书院、置学舍时，张伯行把自己所藏的书籍献出，并组织人力搜罗历代大儒的著作、文集，刊刻成《正谊堂丛书》，以教诸生。福建大治，康熙皇帝赐御书"廉惠宣猷"榜，以示嘉奖。

康熙四十八年（1709），张伯行再次调任苏州，出任江苏巡抚。下车伊始，他就撰写了一篇《禁止馈送檄》，挂在巡抚衙门的大堂之上，其中有曰："一丝一粒，我之名节；一厘一毫，民之脂膏。宽一分，民即受一分之赐；要一文，身即受一文之污。虽曰交际之常，于礼不废，廉耻实伤！倘非不义之财，此物何来？"张伯行不仅将其作为座右铭，他更想借此警醒苏州的所有官员、衙吏。这篇文章义正词严、慷慨激昂，即便在今天也极具教育意义。

时逢江苏省内淮阴、扬州、徐州三府饥荒，张伯行着手处理赈济之事。就在此时，江苏布政使宜思恭，因为司库亏空一事而被总督噶礼弹劾。在处理这件事情的过程中，张伯行与总督噶礼意见不合，坚持上疏给康熙帝，表明自己与噶礼异议的立场。看到张伯行的上疏之后，康熙帝对廷臣说："览伯行此疏，知与噶礼不和。为人臣者，当以国事为重。"

反映张伯行《禁止馈送檄》的剪纸作品

但对事情如何处理却未作明示。在心灰意冷之际，张伯行以病乞归，康熙帝爱其才，没有应准。康熙帝最后下谕旨说：江南的钱粮亏空，并非官吏贪腐侵蚀所致，而是在他南巡时，“督抚肆意挪用”，而布政使等下属“不敢言”，所以，不应把亏空库银之事问责于下属或是让“新任官补偿”。于是，康熙帝命张伯行察明南巡时所用钱粮款项，如实上报，张伯行据实上奏各府、州、县无着钱粮十万八千。此事最终以康熙帝豁免全部亏空而结案。

此案之后，张伯行与总督噶礼的矛盾越来越深。在苏州任职期间，他常常要与贪横的噶礼周旋，忍辱负重，尽心为国，尽力为民。

康熙五十年（1711），江南乡试副考官赵晋暗中收受考生的贿赂，在应考的考生中产生了很大的影响。就在乡试发榜的那天，应举的考生抬着财神进入学宫，以示讽刺和不满。张伯行立即上疏朝廷，奏明此事，与此同时，正考官左必蕃也把事情的来龙去脉上报朝廷。康熙帝命户部尚书张鹏翮、侍郎赫寿查处，张伯行与总督噶礼一起会审。审问之后，副考官赵晋暗中交通关节属实，他先后接受了考生吴泌、程光奎的贿赂。在吴泌、程光奎的供词中，还牵连到总督噶礼。

审案官员因事涉总督噶礼，慑于他的权势，不敢秉公办理，就故意拖延，希望此事最后不了了之。于是，张伯行上疏具奏，请求朝廷解除噶礼的职务，并将他交给有关部门秉公审问，严肃查处。噶礼惧怕东窗事发，急忙收买一干人等罗织所谓的“七大罪状”，诬告张伯行。康熙帝以

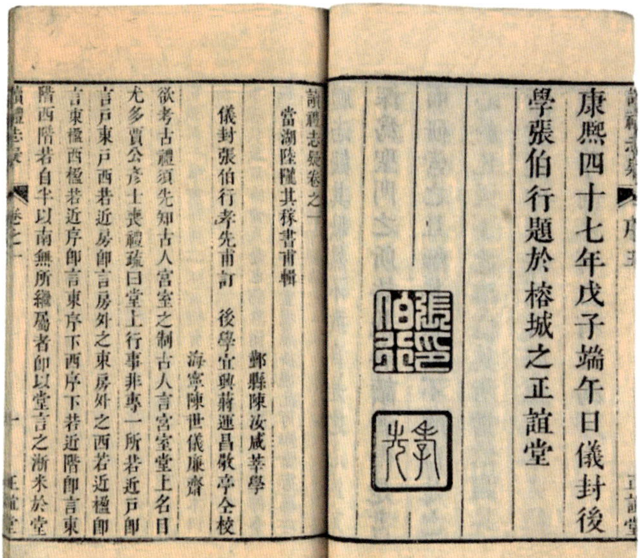
康熙四十七年戊子端午日儀封後學張伯行題於榕城之正誼堂
讀禮志疑卷之一
當湖陸隴其稼書甫輯
鄞縣陳汝咸莘學
儀封張伯行孝先甫訂
後學宜興蔣運昌敬亭仝校
海寧陳世倌廉齋
欲考古禮須先知古人宮室之制古人言宮室堂上名目
尤多賈公彥士喪禮疏曰堂上行事非專一所若近戶即
言戶東戶西若近房即言房外之東房外之西若近楹即
言東楹西楹若近序即言東序下西序下若近階即言東
階西階若自半以南無所繼屬者即以堂言之漸來於堂

《读礼志疑》书影。该书由清人陆陇其撰写，书上有『张伯行孝先甫订』这样的记录

张伯行、噶礼素来不和，将他们二人全都解职。苏州老百姓得知这一消息之后，以罢市的方式来为张伯行申冤。当张伯行离开苏州的时候，老百姓自发为他送行，并赠以果蔬，张伯行坚决不肯接受百姓的馈赠，于是有百姓就说："公在任，止饮江南一杯水；今将去，无却子民一点心。"盛情难却，最后，张伯行只收了苏州老百姓的一把青菜、一块豆腐，以表明自己为官"清白"的品性。

之后不久，康熙帝接到户部尚书张鹏翮的奏报，在奏报中，张鹏翮说：赵晋与吴泌、程光奎通贿一事，证据确凿，行贿受贿事均属实，根据《大清律》，应按律治罪。但是噶礼暗中受贿一事，纯属诬告，所以，张伯行应该撤职查处。康熙帝切责张鹏翮，认为他的奏报多掩饰之词，不能采信，于是又命令穆和伦、张廷枢重新审查，但这两位尚书的奏报一如张鹏翮的意见。至此，康熙帝决定出面力挺张伯行，并向群臣解释他反复派官员复核审查的原委。《清史稿》中详细记载了康熙帝的言辞，大意是：朕对张伯行和噶礼是非常了解的，"伯行居官清正，天下所知。噶礼才虽有余而喜生事，无清正名"，前后两次的奏议都是"是非颠倒"。在随后诏谕九卿的上谕中，康熙帝这样说道："伯行居官清廉，噶礼操守朕不能信。若无伯行，则江南必受其朘削几半矣。此互参一案，初遣官往审，为噶礼所制，致不能得其情；再遣官往审，与前无异。尔等能体朕保全清官之意，使正人无所疑惧，则海宇升平矣。"谕旨一下，立即罢黜了噶礼的官职，命张伯行回苏州，复任江苏巡抚。

当张伯行再次回到苏州的时候，苏州老百姓喜笑颜开，纷纷庆贺。张伯行深得康熙帝的赏识，先后担任过许多重要的地方职务，所到之处，无不深受当地百姓的爱戴。理学名臣张伯行也成为清代历史上廉吏的典型。雍正即位后，对这位老臣恩赏有加，曾赐御笔亲书"礼乐名臣"榜。雍正三年（1725），张伯行因病去世，享年七十五岁。雍正皇帝赐谥号"清恪"。"清恪"二字，是对张伯行宦海行迹的最好总结。

皇清河道总督谥恪勤陈公鹏年

治河有策

采风有诗

政通人和

来者之师

陈鹏年：好官就是福星

康熙后期，儒学名臣、一代廉吏张伯行前来苏州，担任江苏巡抚，与此同时，任职苏州知府的湘潭人陈鹏年也是一位清正廉洁的官员。在他们身体力行的楷范作用影响下，苏州普遍形成了官员清廉为政、勤政为民的良好风气，出现了地方父母官深得百姓拥戴的和谐局面。

陈鹏年（1663—1723），字北溟，湘潭人。康熙三十年（1691）进士。先后担任浙江西安知县、江南山阳知县、海州知州等职，以恪尽职守、勤勉而著称。他的事迹不仅被记录在《大清一统志》、《浙江通志》以及《衢县志》等典籍中，浙江老百姓更将他秉公办案执法、为民伸张正义的事迹编成戏剧作品《铁塔传奇》，在当地长期上演。

康熙四十二年（1703），山东发生大饥荒，陈鹏年负责监督管理赈济事务，使数万百姓得以存活，从而避免了因粮食匮乏而造成的大面积饥饿和死亡。陈鹏年的作为得到了康熙帝的赏识，不久便升任江宁知府。

康熙四十四年（1705），康熙帝南巡江南之前，两江总督阿山召集下属官员，商议增收地丁耗羡，将这部分增收的银两作为迎驾、接驾的费用。对于总督的这一提议，陈鹏年认为江南百姓赋税本已沉重，若再增加地丁耗羡，势必加重百姓的负担，因而力持反对意见，并丢下了掷地有声的一句话："官可罢，赋不可加！"最后，总督的提议只得作罢，但陈鹏年也因此得罪了总督阿山。康熙皇帝南巡至南京，阿山令陈鹏年主办龙潭行宫的一切事务。按照旧规，皇帝左右的侍卫随从都应有馈赠，但是陈鹏年对此置之不理，即便有侍从开口索要馈遗，他也一概不予理睬，因而招致了流言蜚语的中伤。更有甚者，有人偷偷地把蚯蚓粪藏于行宫的床席之上，并嫁祸于陈鹏年，诬陷他主办行宫事务不力。这件事惊动了康熙帝，康熙帝便召陈鹏年诘问。

在此之前，康熙帝先是驻跸于江宁织造府。有一天，织造署使曹寅的幼子趋而过庭，康熙帝就召他前来闲聊。在闲谈中，康熙帝问了小儿一个问题："江宁有好官乎？"小孩脱口而出："知有陈鹏年。"此时，正值大学士张英觐见，康熙帝就向他询问江南的廉吏，张英首举陈鹏年，康熙帝又询问陈鹏年的为人和居官状况，张英说了这样一段话："吏畏威而不怨，民怀德而不玩，士式教而不欺，廉其末也。"织造署使曹寅也免冠叩首，血流被额，为陈鹏年求情，康熙帝才没有追究此事。

此后，总督阿山不断地对陈鹏年施以诬陷栽赃，连续弹劾他收受盐典各商年规，侵蚀龙江关税银，利用这些"莫须有"的罪名，夺去陈鹏年的官职，将他关押在江宁大狱中。南京的百姓得到这一消息之后，纷纷痛哭罢市，为陈鹏年喊冤。但是，反复审问之后，依然没有发现陈鹏年有任何贪赃枉法的事情，甚至在堂审中，有商人为陈鹏年辩护说："岁馈自督、抚、州、县皆有之，惟太守不受一钱耳。"

陈鹏年贪腐不成立，阿山等人又出以新招。陈鹏年到南京担任江宁知府时，曾在南市楼故址建乡约讲堂，每月初一在此宣讲圣谕，并榜之曰"天语丁宁"。因为南市楼原来是妓院集中的地方，阿山等人就以"大不敬"的罪名弹劾陈鹏年，并力主处以死刑。陈鹏年最终被免去江宁知府，调入武英殿修书。

康熙四十七年（1708），陈鹏年复出，担任苏州知府。作为苏州的地方官，陈鹏年下车伊始，就雷厉风行地解决了很多积弊和长年拖延、久而未决的案件。《国朝先正事略》等历史典籍中说：“于是，议论赈贷，劝捐输，浚城河，修学宫并义塾，禁妇女游观。”而且史书中还清晰地记载着，在陈鹏年刚到苏州的时候，前任留下的“滞狱”多达三百件以上，而陈鹏年深入调查取证，用了不到一个月的时间，就“判决俱尽”。

也就在这一年，苏州的农村发生瘟疫，陈鹏年捐出自己的俸禄，派人研究疫情，并研制防止瘟疫扩散的“辟瘟丹”，这就是后来为人们所津津乐道的“太乙丹”。在“辟瘟丹”研制成功之后，陈鹏年还亲自到农户家中，指导百姓如何用药以防范瘟疫的肆虐。在陈鹏年的积极组织之下，苏州乡村的瘟疫很快得到了控制。

陈鹏年勤政廉洁，深得苏州老百姓的拥戴，民间甚至出现了神化陈鹏年的传说，把他视为苏州老百姓的护佑者和苏州城的保护神。《丹

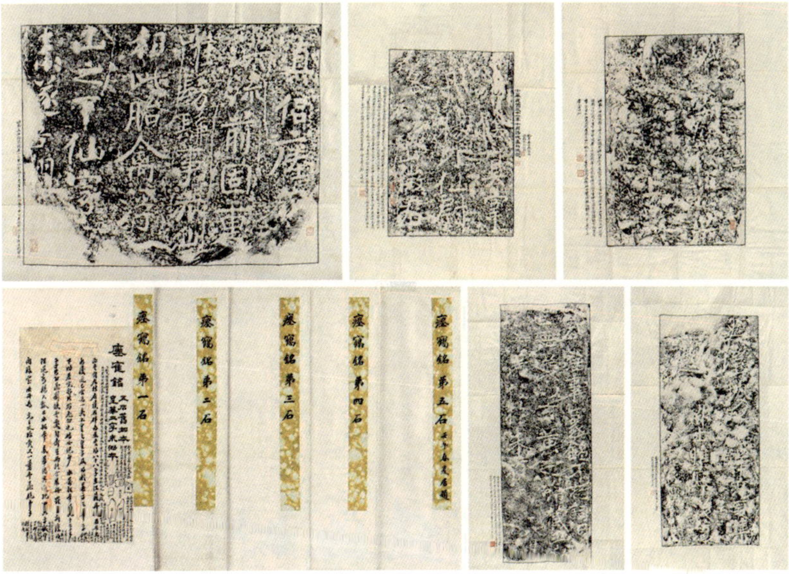

《瘗鹤铭》旧拓

《瘗鹤铭》原刻在镇江焦山西麓石壁上，后遭雷击崩落长江中。清康熙年间，闲居镇江的苏州知府陈鹏年募工打捞出五方《瘗鹤铭》残石，即存焦山观音庵，今仍存观音庵

午笔记》中曾有过这样的说法：“陈公形如钟馗，自是天降福星，鬼神钦护，且片言折狱，民颂神明。”

陈鹏年的政绩也得到了康熙帝的嘉奖，来到苏州的第二年，陈鹏年就被特命署江苏布政使。时任江苏巡抚的张伯行素来推重陈鹏年的为人和品行，江苏地方上的事务，事无巨细，都和他商议裁决。两江总督噶礼与张伯行曾有过嫌隙、过节，对张伯行重用陈鹏年，一直深感惮忌，所以他就利用弹劾布政使宜思恭、粮道贾朴亏空库银的机会，诬陷陈鹏年核报不实，吏部议决，褫夺陈鹏年的官职，遣戍黑龙江。在康熙帝的宽宥下，陈鹏年调离苏州，赴京修书。

此后不久，噶礼又密奏朝廷，说陈鹏年在两首《重游虎丘》诗中，语多悖逆，触犯忌讳。我们不妨先读一下这两首诗：

其一

雪艇松龛阅岁时，廿年踪迹鸟鱼知。

春风再扫生公石，落照仍衔短簿祠。

雨后万松全合沓，云中双塔半迷离。

夕佳亭上凭阑处，黄叶空山绕梦思。

其二

尘鞅刚余半晌闲，青鞋布袜也看山。

离宫路出云霄上，法驾春留紫翠间。

代谢已怜金气尽，再来偏笑石头顽。

楝花风后游人歇，一任鸥盟数往还。

这两首诗写于康熙四十八年（1709），本是陈鹏年在闲暇时游览虎丘后的写景抒怀之作。但是，噶礼等人却要深文周纳，肆意曲解，将诗中写秋日景色的一句“代谢已怜金气尽”中的“金”说成是指后金，是陈鹏年在暗指大清王朝；“金气尽”，就是陈鹏年在诅咒大清王朝的气数将

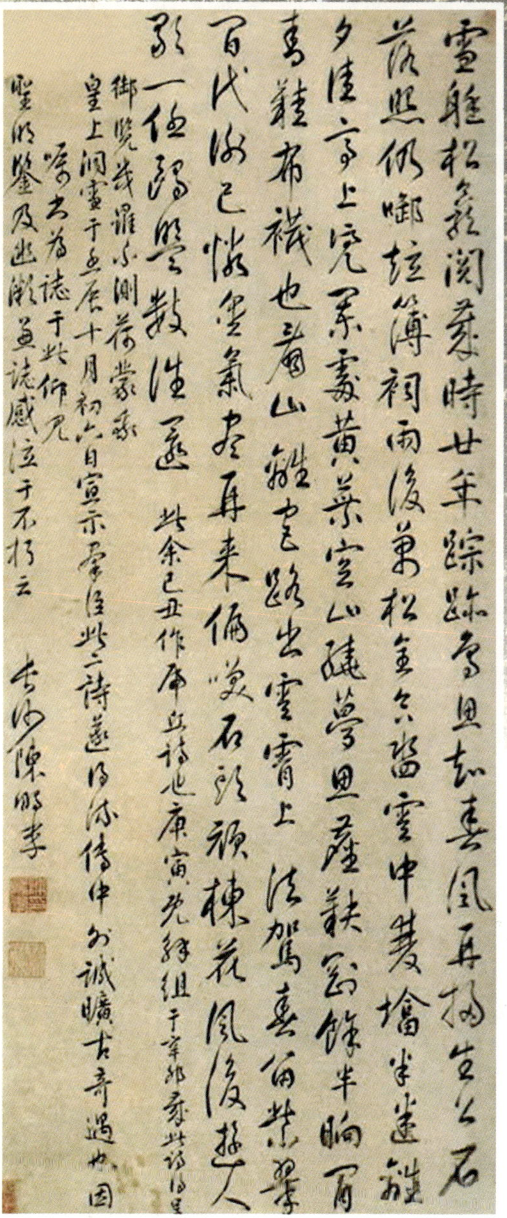

《重游虎丘》墨影，陈鹏年书

尽，因此须将此诗定为反诗。诗中的“一任鸥盟数往还”，本无深意，只是诗人借以表达徜徉山水林泉之中的喜悦之情，更由此而滋生退隐江湖山林的常用典故，但是噶礼等人却硬是说成陈鹏年希望暗中勾结盘踞在台湾的反清力量郑成功的儿子郑经。诸如此类，牵强附会，企图给陈鹏年安上谋逆的罪名，以彻底击垮张伯行和陈鹏年。

就在陈鹏年被噶礼关押在苏州城南沧浪亭，几遭不测的时候，苏州士绅纷纷抗议，此事再次惊动康熙帝。康熙帝明察秋毫，认为噶礼弹劾陈鹏年诗语悖谬一事，完全是“宵人伎俩”，“朕岂受若辈欺耶”，所以，他对于“虎丘诗案”采取了冷处理，并作出明确的指示：“诗人讽咏，各有寄托，岂可有意罗织以入人罪？”此事经康熙帝裁决，就此结案，陈鹏年也得以获释。陈鹏年的这两首诗作也因为有了皇帝的宣示，而流传南北，也算是历史上旷古未有的奇闻。

陈鹏年在苏州府学修建况公祠时，把『廉石』迁移到况公祠前，以陆绩和况锺为楷范，教育一代又一代的苏州学子和官员

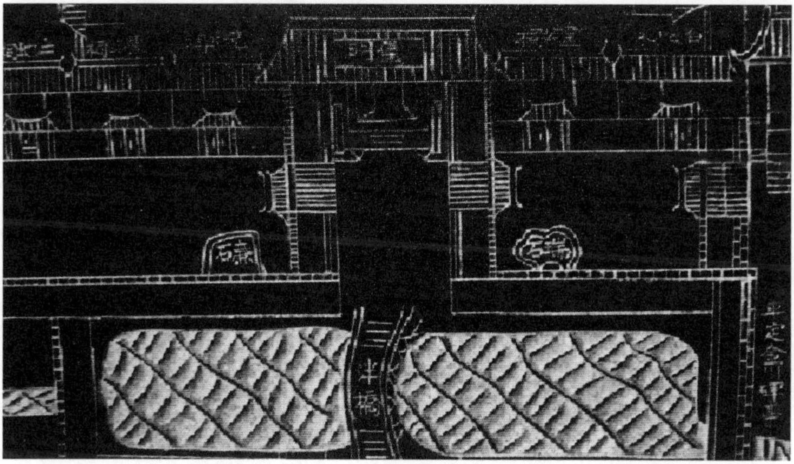

从清乾隆年间《苏州府学之图》中可以看出况公祠前立有廉石

康熙六十年（1721），陈鹏年随张鹏翮到山东、河南勘察河道，正巧遇上黄河决堤，他临危受命，出任河道总督。陈鹏年在河道总督任上，止宿在黄河岸边，寝食俱废，可谓鞠躬尽瘁。长期的劳累，使他的身体羸惫不堪。雍正元年（1723），陈鹏年因病死于任上。为了彰表陈鹏年的勤勉清廉，雍正皇帝赐谥号曰“恪勤”，并在上谕中给予他很高的评价，其中有谓：“鹏年积劳成疾，殁于公所。闻其家有八旬老母，室如悬磬。此真鞠躬尽瘁、死而后已之臣。”

陈鹏年在苏州担任知府期间，非常仰慕三国时期的吴地名贤陆绩，当见到陆绩当年从广西郁林带回的“廉石”因察院署的亭子毁坏而横陈街市，任凭风雨侵蚀时，陈鹏年深感痛心。康熙四十八年（1709），陈鹏年借修建苏州府学文庙之机，在府学中修建了况公祠，以纪念明代著名的清官况钟，并把“廉石”迁移到况公祠前，以陆绩和况钟为楷范，教育一代又一代的苏州学子和官员。一代廉吏陈鹏年，在苏州不仅保护了“廉石”，把它重新树立起来，更以自己的实际行动为后来的苏州乃至全国的官员树立了一座新的“廉石”丰碑。

皇清江苏巡抚吴公坛

公来治吴

不肃而严

慈惠之师

斯民具瞻

吴坛：中国法学家的理智和情感

山东海丰吴氏父子吴绍诗（1699—1776）、吴垣（1719—1786）、吴坛（1724—1780），因其在法律制度建设上所取得的卓越成就，被世人尊为“清代法律三杰”。“三杰”之一的吴坛就曾来苏州任职，将法治精神体现得淋漓尽致，深得百姓的称颂。故而其像被刻在沧浪亭五百名贤祠中，画像上之赞语亦对其依法秉公治理地方事务给予了高度评价，正所谓：“公来治吴，不肃而严。”

为了更好地了解吴坛及其法治思想，有必要先简单介绍一下海丰吴氏家族。在中国古代史上，父子同朝为官，并不鲜见，但是清代乾隆年间的海丰吴氏父子较为特殊：这父子三人都是因为谙熟法律，而受到乾隆皇帝的器重的，他们都先后在刑部出任侍郎，更有甚者，乾隆三十一年（1766），父亲吴绍诗为刑部侍郎时，乾隆帝认为吴坛明晰律令，处事稳重，让吴氏父子二人同部共事，“特命勿回避”，一时成为朝堂之美谈。

吴氏父子三人为《大清律例》的编纂、校订、刊刻做出了巨大贡献。

吴绍诗首创《大清律例名例》两卷，为《大清律例》的编纂奠定了基本框架。《大清律例名例》条理清晰、语言严谨，对律令之门径、渊源、出处，皆有完整系统的疏解，因而成为后来《大清律例》一书修纂的纲领。吴绍诗本人也因为功绩显明，得以连续升迁，官至刑部侍郎、江西巡抚、刑部尚书、礼部尚书、吏部侍郎加尚书衔。

吴绍诗长子吴垣，自幼勤奋好学，少时即跟随父亲宦游各地，习吏治，佐政事，精通刑名之学。乾隆元年（1736），其父吴绍诗编纂《大清律例》时，年仅十七岁的吴垣因精通刑名之学，也参加了《大清律例名例》的编校，为《大清律例》的付印也进行了详尽的考核校正。后来，乾隆帝以吴垣“人稳，熟悉刑名”，将他调任刑部四川司郎中，凡繁重案件的覆议准驳都由他亲手裁定。

吴坛是吴绍诗次子，字紫庭。年方弱冠，即随父亲宦游各地，在父亲的指导下，帮助处理案牍。乾隆二十六年（1761）进士及第，授刑部主事，再迁郎中。吴坛步入政坛后，因其“明晰律令，处事条理分明、理智得体”（乾隆帝评价之语），前后在刑部任职长达二十余年。在朝廷重修《大清律例》时，吴坛和他的哥哥吴垣一样，担任纂修官，纂修《纲

位于道前街的江苏按察使署旧址

目》三卷。他更以个人毕生精力，对传说中三皇五帝时代以来，直至乾隆四十一年（1776）的历代律例条文的源流、演变，逐条进行考证，并对《大清律例》历次增删修改的内容加上按语、评注，著成《大清律例通考》三十九卷，堪称清代法制史上的“扛鼎”之作。

作为一名学养深湛的法学专家，吴坛在为政地方的时候，始终能够坚持勤政爱民，公正无私，明察秋毫。经他之手，审理了许多大案、奇案、冤案。

乾隆三十二年（1767），吴坛因在朝功绩显著被破格、越级提拔为江苏按察使。吴坛到苏州之后，一方面仔细检阅公文、案卷，同时又深入民间进行调查，听取民情、民意。不但使先前的不少冤假错案得以更正，还在调查研究的过程发现了诸多弊政，针对这些问题，他提出一系列的改革措施和方略。

清代的地方行政设置，江苏一省设有两个布政使，一个驻地在南京，另一个则在苏州。两个布政使相互之间经常混支“官俸、兵米”，财务手续不但烦琐，而且极为混乱。吴坛认为这种现象若听之任之，于国于民皆为不利。所以他立即上书朝廷，请求予以更正，改为本州府内的俸禄、军粮军饷由本州府就近支付，大大地方便了南京、苏州两府的官员和士兵，也厘清了财务上的关系。

明清时期的江苏，赋税之重，在全国首屈一指，此正《清史稿·吴坛传》所谓：“赋重甲诸行省。”然而繁杂的名目、庞大的金额，使得江苏一省每年向朝廷上报的账目多重复不明，往往难以查验清楚。针对这一弊病，吴坛“疏请分别总案、专案”，让账目分门别类，条分缕析，“以便察核”（《清史稿·吴坛传》）。他的这一建议得到朝廷的允准，避免了地方赋税财务制度混乱不清、不便核查的情况。

吴坛在苏州任职期间，克勤克俭，在地方政府管理的制度建设方面尤为突出。乾隆三十七年（1772），朝廷把他调任回京，内擢刑部侍郎。

吴坛再次到苏州，是在乾隆四十四年（1779），他先后担任江南河库道、江苏布政使。乾隆四十五年，升任江苏巡抚。

此番来苏，他更着意于江苏百姓的民生问题。为减轻吴县农民沉重的赋税负担，吴坛上疏朝廷，为民据理力争。在上疏中，吴坛认为：吴县公田租户的税额“既非正供”，而且连年以来，“积久日多”，“自三十二年至四十三年，逮赋一万九百余两”，如此巨大的数额，“益增民累”，百姓的负担早已繁重不堪，希望朝廷能够体恤民生疾苦，减免繁重的税额。吴坛的请求得准之后，百姓深受其利。

在此期间，吴坛在江苏还处理了一桩影响极大的案件——查抄文华殿大学士、首席军机大臣于敏中家产案。

乾隆四十五年（1780）六月，就在文华殿大学士、首席军机大臣于敏中去世仅仅五个月之后，于敏中的孙子于德裕就状告堂叔于时和侵吞他祖父于敏中死后留在京城的遗产。事情爆出之后，引起了乾隆帝的高度重视，立即命大学士阿桂、英廉查办。因为于时和早在三个月前就已经把于敏中在京城的家产全部转移到家乡金坛，所以朝廷传谕时任江苏巡抚的吴坛亲赴金坛查明此事。

经过周密细致的查验和审问，案情终于水落石出。原来，就在乾隆四十四年（1779）的腊月，于敏中在重病中嘱咐其侄于时和，将他在京城的全部财产——八万七千余两白银，全部带回老家金坛，转交给他唯一的孙子于德裕。见到那么多钱财，于时和见利忘义，顿起贪念，私自侵吞了这笔白银。至此，案情似乎已经大白于天下，可以结案。但是，深谙大清律例的吴坛明察秋毫，他敏锐地发现，在朝中素有廉洁美誉的重臣于敏中，竟然有如此巨额的遗产，有来路不明之嫌，便在向朝廷的呈文中含蓄地表达了自己的这一疑虑。在进一步的追查中，结果令人震惊，于敏中在京中及家乡金坛的遗产高达白银二百万两，其中不少家产“非得之以正者”。乾隆帝得知这一情况之后，非常恼怒，但为了保全于敏中的名节，谕示办案大臣到此为止，不继续追究于敏中生前的罪行，此案方才告结。吴坛判定：于时和吞占家产属实，将他发配至新疆伊犁充当苦差；于敏中的家产酌情给其孙子于德裕三万余两，其余家产全部充公，留作金坛县开挖河渠、兴修水利的经费。

吴坛在苏州出任江苏地方父母官，事必躬亲，日理万机，夙兴夜寐，治绩甚优，深受百姓之拥戴，时人有赞誉曰："虽古循吏亦蔑以加焉。"但是长期的操劳，终使吴坛积劳成疾，就在于敏中案结案后不久的八月，一代律例名家、廉吏吴坛病逝于苏州的江苏巡抚署衙，终年五十七岁。吴坛之逝，吴人伤恸欲绝，纷纷惋叹道："我吴民无福，而丧我慈父母也。"朝臣也纷纷深表惋惜，并高度评价其一生："折狱唯良，仰符天理，俯切人情，性刚真而心乎仁者，紫庭诚不可及也。"

皇清尚书初公彭龄

轩轩出群

岩岩清峙

中外卌年

一尘不滓

初彭龄：最难的不是反腐，是孤独

在苏州沧浪亭五百名贤祠的碑刻中，初彭龄的赞词是："轩轩出群，岩岩清峙，中外卌年，一尘不滓。"这一段话极为精要地概括了他一生力肃贪腐，以澄清吏治为己任的人生追求，这或许就是杜甫诗中所谓的"致君尧舜上，再使风俗淳"的政治理想吧。

初彭龄（？—1825），字绍祖，山东即墨人，原籍山东莱阳。乾隆四十五年（1780）中进士，授庶吉士，散馆改任翰林院编修。初彭龄为官清正廉明，刚正不阿。乾隆五十四年（1789），初彭龄担任江南道御史，先后上疏参劾协办大学士彭元瑞徇私为婿侄谋私利，弹劾江西巡抚陈淮贪腐受贿，在短时间内连续扳倒两位朝廷命官。初彭龄也因为耿直敢言而引起了朝廷的注意，不久就升任工部侍郎。此后，初彭龄一生都在和官场中的不正之风、贪赃枉法者做坚决的斗争。虽然在反腐肃贪的过程中，他时常受到许多当朝权贵的阻挠，经历过很多挫折失败，甚至是污蔑陷害，但他始终无怨无悔，将澄清吏治作为自己的政治理想和追求。

嘉庆四年（1799），初彭龄出任云南巡抚。时值云南总督富纲上疏建议朝廷在云南省停办官盐，改归民运民销。这一主张完全是基于云南盐政的种种积弊而提出的。初彭龄到任云南之后，立即投入到调查、研究之中，并发现总督所言属实，因而初彭龄积极支持总督富纲的意见。

初彭龄手书匾额

在给嘉庆帝的上疏中，他说："富纲到滇，实见有不得不改章以苏民困者。"同时他也向朝廷明确地指出了云南盐政中诸如计口授盐、短秤加课、亏空派累等种种弊病，正是因为这些积弊的长期存在，终于导致云南百姓"穷困已极"。此法推行之后，成效迅速而显著，困扰云南多年的盐政积弊最终得以克服。随后，初彭龄又发现兵部侍郎江兰在担任云南巡抚期间，对云南省抱母、恩耕两座盐井遭淹、少数民族因盐政腐败而闹事等重要情况故意隐匿不报的事实，于是上表参劾江兰，朝廷最终革除了江兰云南巡抚的职务。

在此后的仕宦生涯中，初彭龄先后弹劾贵州巡抚伊桑阿骄奢乖戾、苛派属员；贵州巡抚常明铅厂之弊；陕西巡抚秦承恩浮支滥用军需粮饷；两江总督铁保徇私枉法以及广西巡抚成林废弛公务、恣意声色、用度侈靡等诸多案件，使这些官员或撤职，或降级，或流放，都受到了朝廷的严惩。

初彭龄在顺天府尹任内，曾奉命清查洪泽湖边高堰厅河堤溃决一事。在实地调查取证的基础上，他很快查明了历任河防总督在指挥部署上的失误以及现任河防各厅、营在防守方面的失职行为。最后，遭弹劾、

初彭龄行书

被罢免的官员多达四十八人。与此同时，他还提出了切实可行的具体处置建议和措施。

嘉庆十九年（1814），初彭龄升任兵部尚书，不久便兼署江苏巡抚，负责查办江苏省内各府、各县的亏空情况。他在给嘉庆帝的上疏中这样说：“亏空应立时惩办，而各省督抚往往密奏，仅使分限完缴。始则属官玩法，任意侵欺；继则上司市恩，设法掩盖。”他的意思非常明确，惩治腐败，必须迅速严厉，而且要做到公开透明，以防止各级官员层层掩盖回护，从而真正起到警戒群臣的作用，和对贪腐者起到震慑作用。这一建议受到了嘉庆帝的赞赏。

在封建时代的官场上，初彭龄能一如既往地将肃贪反腐进行到底，实属不易。在这一过程中，各种流言蜚语，甚至诬陷栽赃等“众矢集焉”，但他却始终能不为所动，无怪乎《清史稿》的编纂者要在《初彭龄传》后的史论中褒赞他“实政清操，蹶而复起，克保令名”，更在文中发出这样的感慨：“甚矣直臣之不易为也！赤心为国，犯颜批鳞，而人主谅之。”

叁

廉基

——立基筑城，造福于民

今天，当我们走在平江路上，当我们走在宝带桥上，当我们走过金鸡湖李公堤，我们叩响的是历史的足音。从伍子胥建阖闾大城，到李寿朋实测平江城，千百年来，为苏州城立下基业、筑城修桥的能臣循吏，数不胜数。

养廉和造城一样，其基础和出发点都在于“造福于民”：满足当时人民生活需要的同时，还要以战略眼光，站在时代高度上，谋求城市的长远利益。这样的所作所为，是现在时也是未来时，这样的事业是“廉基”。

其一

万艘龙舸绿丝间，载到扬州尽不还。

应是天教开汴水，一千余里地无山。

其二

尽道隋亡为此河，至今千里赖通波。

若无水殿龙舟事，共禹论功不较多。

唐·皮日休《汴河怀古二首》

李世嘉：搬动一座城池，开启一世繁华

苏州古城自伍子胥建城之后，一直没有迁移，始终是州郡和吴县县治的所在地。到了隋代，也就是公元六世纪末年，情况发生了重大的变化。隋朝的军队在灭陈之后，江南有一批不顺服的政治力量聚众为盗贼，隋文帝任命杨素为行军总管追讨叛逆之军，一直追击到苏州。

攻下苏州之后，杨素认为，苏州城一马平川，无险可凭，“非设险之地”，应该依山建城，方为可靠，于是奏请朝廷，提出重建苏州城的建议，朝廷准奏之后，遂“移郡邑于横山下”，“盖欲空其旧城耳”，并将这个“新郭”改称为“苏州”（朱长文《吴郡图经续记》卷下）。据宋代苏州著名学者范成大的《吴郡志》记载，越国公杨素建筑苏州新城的时间在隋文帝开皇十年（590）。明代太仓籍著名文学家王世贞在《越溪庄图记》中曾对这座“新郭”遗址有过片言只语的介绍，其中说道：“大堤樊其背，高二十尺，而畤长莫知纪极，不石而岩，不甓而垣。《记》云：‘隋越公素所筑新郭睥睨也。’”杨素之所以将苏州新城筑在横山东麓，不仅因为“新郭”可以背依横山，更在于此地是“吴越之所控守”（朱长文《吴郡图经续记》卷下），在军事上有着重要的控扼作用。

苏州“新郭”的历史使命在唐代武德年间就结束了，终结者便是李世嘉。

《姑苏十景图·新郭》明·沈周绘

李世嘉，陇西人。十六国时西凉武昭王李暠第七子李豫之后，后因避唐太宗李世民的名讳而改名李嘉。《新唐书》卷七十二上《宰相世系表》“李氏武阳房”载其生平曰：“李嘉，苏州刺史。”唐高祖武德三年（620）任越州都督（详见《会稽掇英总集·唐太守题名》），武德七年，改任苏州刺史。

来到苏州之后，李世嘉发现苏州“新郭”其实并不安全坚固，在隋末农民起义中，它的军事意义并没有得到体现，反而是被叛军屡屡攻破。杨素当年在横山东麓修建的“新郭”苏州城，在经济生活中还存在着诸多的不便。而随着大运河的开通，原来苏州古城水运交通的地理优势远比“新郭”要强：江南运河经过枫桥向东，就可以直接到达苏州古城而南下，如果还是坚守着横山之麓的“新郭”，必然会给苏州政治、军事、经济等方面带来诸多不便。李世嘉审时度势，最终下定决心，弃置杨素在横山东麓

修建的"新郭"，将苏州衙署迁回原来的古城。

虽然废弃多年，苏州旧城已出现许多断墙残垣，但是旧城的水系和大运河、胥江水等相连，城里的水系贯通，交通运输以及农田耕作都非常便利。在李世嘉的治理下，苏州旧城又出现了百姓安居乐业的局面。

有唐一代，复又出现了韦应物、白居易、刘禹锡等许多名臣，他们励精图治，使得苏州和越州并驾齐驱，成为地域性的经济强市，更成为江南地区唯一的"雄州"。宋代著名学者王明清在《玉照新志》卷五中说："杭州在唐，繁荣不及姑苏、会稽二郡。"到了北宋时期，苏州的水利建设已经达到"天下之利，莫大于水田；水田之美，无过于苏州"的境界。至于苏州经济上的富足和重要性，更有"苏湖熟，天下足"的谚语可以为证。回顾历史的发展，初唐刺史李世嘉审时度势的决策，为苏州古城重新焕发活力，走向繁荣做出了巨大的贡献。

二月尽头三月初，系船杨柳拂菰蒲。
姑苏台上斜阳里，眼度灵岩到太湖。
宋·杨万里《泊船百花洲登姑苏台》

王唤：只为兵燹之后的重生

北宋末年，宋钦宗靖康二年（1127）四月，金兵南下，攻占了宋都汴京（今河南开封），俘虏了徽宗、钦宗皇帝父子二人，宋王朝宗室南迁，这就是历史上著名的“靖康之变”。之后，金兵不断南下骚扰，兵燹殃及江南各地，苏州城也不例外。建炎四年（1130）二月二十六日，金兀术率领的金兵攻入苏州城，在苏州城中大肆杀戮，死难人数近三十万，苏州城几乎被夷为平地。苏州人徐大焯在他的《烬余录》中详尽记载了金兵铁骑践踏之后，苏州城被洗劫一空的惨状：

兀术陷苏时，荼毒生灵，历古未有。小儿十岁以下，男子四十以上及四十以下不任肩负与识字者，妇女三十以上及三十以下向未裹足与已生产者，尽戮无遗。尤奇者，凡有书籍之民居，有簿记之店肆，必尽火其屋，尽杀其人，虽妇稚不遗。去时以一衾络一女一儿，使两男担之。大约裹胁以去者十万人。……所据合城屋宇中男子病不能行者，尽杀之，妇女或驱入寨，或亦杀之，谓之洗城。

无怪乎近代学者王謇发出了这样的感慨：“《吴郡志》所谓‘建炎狄难，吴中古名屋，惟城南觉报寺、子城天王堂，以酋幕仅存’。至今访古，城市自桥梁题刻以地下隐僻获免而外，凡地面以上几无一碑一刻之遗。北禅寺门左一井阑题‘绍兴三十年’纪元者，已为城中至古器物。毁灭之

酷，盖若是其烈也！”（《宋平江城坊考》）

苏州城在遭受兵燹的洗劫之后，一片狼藉，满目疮痍，姜夔词作中用“废池乔木”来概括扬州城被金人焚毁之后的情状，苏州的情景与扬州“四顾萧条，寒水自碧”别无二致。此后，虽有孙觌、胡松年、李弥大、向子等名臣担任过苏州知府，但要想在短时间内使苏州城在废墟上涅槃，重获新生，其难度是可想而知的，尤其是要面对人力、财力严重匮乏这一现实的问题。但就是这个看似完全不可能实现的愿望，却在宋高宗绍兴十四年（1144）之后实现了，主持这项伟大工程的人就是王映。

王映，字显道，华阳人，太师岐国公王珪之孙。说起王映，他的身份和背景都很特殊，他是南宋奸相秦桧妻子王氏的兄弟——但他和秦桧属于完全不同的两类人。王映勤勉务实，尤其是他在绍兴年间重建苏州城，在苏州的城市发展史上留下了浓墨重彩的一笔。

在任平江知府之前，王映曾担任过南宋都城临安府的知府，在临安知府任上，他遵照宋高宗的旨意，完全按照北宋首都汴京城里的“太学”规制，在南宋都城临安规划、兴建太学。在太学建好之后，他又按照北宋太学的制度，在临安太学中设置了武学、宗学、律学、算学、书学、画学和医学等专门的学科，为朝廷培养了各类人才，极大地促进了江浙地区文化教育事业的繁荣。

宋高宗绍兴十四年（1144）二月，王映来到苏州，就任平江知府。来到苏州后，面对一片废墟和财力严重不足的状况，王映如何重建苏州城呢？元代学者陆友仁在《吴中旧事》中记载了王映发动苏州百姓全员参与清理废墟，重建平江城的故事：“兵火之余，故墟瓦砾山积，乃录入城小舟，出必载瓦砾以培塘，人以为便。石之破碎者，积而焚之，以泥官舍，不赋于民而有余。”

要处理堆积如山的废墟，需要大量的人力，于是王映就发动群众，他明文规定：凡是进城的船只，都要登记在册，在出城的时候，必须在船上装载瓦砾出城，并把瓦砾倾倒到城外，用以加固河塘和堤坝。在清理废墟的时候，把大的石块聚集在一起，可作为基础的建筑用料，以备将来重建城墙、宫室之用；而破碎的小石头、石灰石之类，则另外聚积在一起，通过打碎、焚烧等办法，作为砌造、粉刷建筑屋宇的灰泥。王唤的这些做法，既经济节省，又高效，最大的好处还在于不扰民，没有因为重建苏州城而向老百姓征收额外的赋税，大大地减轻了老百姓的负担。

从绍兴十四年（1144）担任平江知府，直至绍兴十七年（1147）正月离任，在不到三年的时间里，王唤实现了苏州城在兵燹战火后的涅槃。

南宋时期的苏州（平江府）经常要接待金国议和的使臣，考虑到国家的形象，王唤在苏州新城的基本格局成形之后，又花了一年多的时

胥门吉庆街来远桥。相传南宋时胥门有姑苏馆，用来接见北国使臣和往来显宦，建筑雄冠三吴

位于观前街的玄妙观

间，在胥门内营建了南、北两座“客馆”，取名为“姑苏馆”，并在胥门城墙上筑起高台，名为“姑苏台”，又在姑苏台的东面兴修起一座花园，名“百花洲”。范成大在《吴郡志》中用“体势宏丽”四个字来描述新造起来的姑苏馆、姑苏台、百花洲等建筑。自此以后，“绍兴间，始与虏通和，使者岁再往来，此馆专以奉国信”，成为接待金国使臣的国宾馆。

王映对北宋时期的《营造法式》素有研究。《营造法式》是宋王朝官方颁布的一部建筑设计、施工的规范书，是大型皇家建筑依循的经典。所以，王映在修建姑苏馆的时候，体制、规格等完全按照《营造法式》的标准。后来，为了保护和传播这一建筑学经典，绍兴十五年（1145），王映在苏州主持重新刊刻《营造法式》。

除此之外，王映在苏州知府任上，还大规模地整修、重建了苏州的文庙府学、知府衙署、玄妙观以及齐云楼等主要建筑。郑亿年在《平江

位于府学内的文庙

府修学记》(钱穀《吴都文粹续集》卷三)中就记载了这样一件事:王唤刚到苏州任职,就前往文庙谒先圣先师孔子,顾瞻再三,见到文庙和府学的荒败,咨嗟叹息道:“夫学不可废,于时而士不可以不学。”如今文庙和府学“芜废不治如此,使民无所瞻仰”,如果这样放任下去,“因陋就简”,再不加以修饬的话,那就是郡守的罪过啊!在他的倡议和主持下,不到半年的时间,文庙和府学就得到了很好的修葺,其“显敞宏大,首出旁郡”(郑亿年《平江府修学记》),而且整个过程中,“吏不告劳,民不知役”。在文庙和府学修缮之后,王唤拨出公田数十百亩以补益其平日的各种开销用度。此后,苏州府学的就学者日益增多。

在王唤的励精图治下,苏州新城建起,社会安定,百废俱兴。苏州城在战火洗劫之后,又重现了勃勃生机。

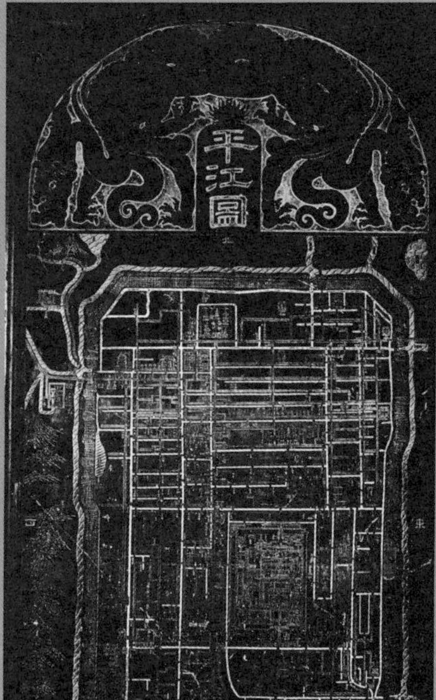
平江圖

李寿朋:《平江图》的前世今生

在苏州文庙中珍藏着四块宋代石刻:南宋人黄裳的《天文图》、《地理图》和《帝王绍运图》以及由南宋苏州知府李寿朋命人所刻的《平江图》。这四块宋碑具有极高的历史、科学价值,反映了南宋时期中国在天文学、地理学、历史学以及城市建设规划等诸方面所取得的巨大成就。尤其是《平江图》,全面准确地描绘了南宋时期苏州城的规模和格局,是我国现存历史最久、最完整的城市平面图,也是世界上最早的碑刻城市地图。

提及《平江图》,自然要从两个重要的历史人物说起。南宋高宗建炎四年(1130),苏州城毁于金兵的战火。高宗绍兴十四年(1144),秦桧妻子的兄弟王唤来苏州就任平江知府,开始重建平江城。在之后长达将近一个世纪的时间里,经过历任地方官的建设经营,苏州城不但恢复了繁荣,而且以崭新的姿态屹立在太湖之滨,呈现出蓬勃发展的态势。为了让后人能铭记这段历史,苏州知府李寿朋就命人按照实测的平江府(今苏州城)地理位置、分布绘制了《平江图》,并刻成碑。

李寿朋,安徽广德人。在南宋理宗宝庆年间,曾担任朝请大夫、直宝谟阁。宋理宗绍定元年(1228)十二月二十八日到苏州,任苏州知府。次年十月二十七日调离,依旧任直宝谟阁,升荆湖北路转运判官。

和许多前任官员一样，李寿朋刚来到苏州时，也着手于苏州城的继续重建和修缮。苏州城里，河网密布，水路交通主要依靠船只，而陆路交通如果没有桥梁的贯通，就会遇到很多不便，所以李寿朋在任时，主持兴修了许多桥梁，以方便水乡百姓的出行。据《吴郡志》记载，宋理宗绍定元年（1228）前，苏州有桥二百七十七座，而《平江图》上的桥竟达到三百多座，其中很多就是李寿朋主持修建的，有些直到今天还依然存在，且时常挂在苏州老百姓的嘴边，如：金狮子桥、鹤舞桥、雪糕桥、胡厢使桥、柳毅桥、凤凰桥、迎葑桥、顾庭桥、官太尉桥、望星桥。

绍定二年（1229）春，李寿朋又将苏州城内的六十五坊全部整修一新，其中最为有名的当数：孝义坊（东憩桥巷）、通阛坊（金母桥西）、儒教坊（饮马桥南）、儒学坊（乌鹊桥南）、衮绣坊（乌鹊桥北，即今“滚绣坊”）、干将坊（东市门）、富仁坊（鱼行桥东）、闾丘坊（张马步桥北）、碧凤坊（天庆观前）、庆源坊（大郎桥东）、画锦坊（南营西）、通波坊（吉利桥南）、丽泽坊（吉利桥北）、嘉鱼坊（鱼行桥西）、乐圃坊（三太尉桥北）、清嘉坊（朱明寺桥北）、吴趋坊（皋桥西）等。这些地名至今还一直保留着。

李寿朋极具文献意识，他非常重视对苏州历史文献的保护和整理。据赵汝谈《吴郡志序》说，李寿朋的父亲李嘉言曾当过范成大的幕客，所以李寿朋对范成大其人、其学深有了解，当他来到苏州之后，得知范成大的《吴郡志》尚未刊刻，感到万分惊讶。随后，他先拜谒石湖祠，再从范成大的后人手中求得范成大的遗著数种，其中就有《吴郡志》的稿本。李寿朋先把范成大家藏本《吴郡志》和学官所藏版本校勘，又和汪泰亨、何漳、刘九思、李起、李宏等文学之士商量，仿照《史记》褚少孙之例，增补了范成大原书中的缺漏，订正其中的讹误，使《吴郡志》一书臻于完备。绍定二年（1229），《吴郡志》在苏州刊刻发行。《吴郡志》这部

方志，是目前仅存的十多种宋代方志之一，对后人了解宋代苏州的历史文化有着重要的文献价值，弥足珍贵。

绍定二年（1229），李寿朋还做了一件非常重要的工作。他命下属对平江城（今苏州城）进行全面的实测，并依据实测的结果绘制一幅平江城的平面图——《平江图》，再把《平江图》勒石刻碑。由《平江图》我们可以清晰地了解到南宋时期苏州城的基本格局和面貌。平江城四周城墙南北长约九里，东西宽约七里，周约三十二里，呈不规则长方形。城开五门：阊门、盘门、葑门、娄门、齐门。城中六十五坊，河道六纵十四横，桥梁三百一十四座，大街二十条，巷二百四十六条，里弄二十四条，所有的街巷与河道平行，《平江图》真实地反映了江南水城前街后河的特点，纵横交错的街道和河道，形成了苏州城水陆双棋盘的基本格局。此外，碑刻上还详细标注了苏州城内外山脉、湖荡、城墙、河流、官厅、寺观、塔桥、园林、古迹、商行、书院、库房、宅第、故坊、楼阁等重要建筑。

李寿朋在苏州任职的时间并不是很长，但就在不到一年的时间中，他为苏州城的重建修缮做出了重要的贡献，更为后世留下《吴郡志》和《平江图》，用文字和图像这两种形式，完整地记录了宋代苏州城的真实状况。时至今日，《吴郡志》和《平江图》依然是吴文化研究者最为重视的参考文献。

皇清吏部尚书江苏巡抚宋公荦

惠爱黎元

宏奖髦士

心迹双清

沧浪之水

宋荦：沧浪之水，沧浪之歌

苏州是世界闻名的园林城市，历史上曾出现了数以百计的著名宫观园囿，但是随着岁月的流逝，其间的兴废沧桑，亦不计其数。毫无疑问，在众多园林中，宋代名园沧浪亭当属尤为幸运者，在经历了年久失修，颓圮荒败之后，沧浪亭遇到了两位“知己”——商丘宋荦和长乐梁章钜。但凡物得其主，遇到知音，便可借此以传永恒，在宋荦和梁章钜的修复后，沧浪亭不仅得以复现旧观，更成了苏州文人刻烛酬唱、击钵竞风流之胜地。时至今日，这座千年名园，已然成为世界文化遗产。

宋荦修复沧浪亭，最直接的结果是保护了文化遗存，然而作为地方父母官，他的作为更有其深刻的寓意：以“濯缨沧浪”表明自己为官一方，“心迹双清”的志节。

宋荦（1634—1713），字牧仲，号漫堂、西陂、绵津山人，晚号西陂老人、西陂放鸭翁，河南商丘人。国史院大学士宋权之子，顺治四年（1647）应诏以大臣之子列侍卫，以勇猛受到顺治帝的嘉奖。在次年的岁考中名列第一，授通判。但他的父亲以为儿子尚年幼，不谙政事，就让他回家乡读书。在商丘，年轻的宋荦追随侯方域、贾开宗、徐作肃等人学习写诗作文，并和侯、贾诸人成为“雪苑社”的中坚力量。

康熙三年（1664），宋荦授黄州通判，后为母丁忧而归。康熙十六年授理藩院院判，迁刑部员外郎。宋荦先后担任过直隶、山东、江苏、江西等多省的督抚之职。康熙四十四年，官至吏部尚书。康熙四十七年闰三月，以年老告归。康熙帝对他一生的仕宦经历有过这样的总结之词：“宋荦才品优长，前者巡抚江西，敬慎持己，加意爱民。在任十有四年，地方相安无事，简秉铨衡，正资料理。”康熙帝还御制诗作赠宋荦，其中有曰：“久任封疆事，苏台净点尘。”宋荦去世的时候，康熙帝再次赠诗赞誉曰：“世家耆德自天全。”

康熙二十六年（1687）十月，宋荦出任江苏布政使。来到苏州后，他清查出府库亏空银两多达三十六万六千余两，立即向总督、巡抚报告此事，经过周密细致的调查取证之后，宋荦向朝廷弹劾了前任布政使刘鼎、章钦文两人，并让二人补足了府库的亏空银两。

康熙三十一年（1692）六月，宋荦再次来到苏州，就任江苏巡抚。宋

江苏巡抚衙门模型图

荦在苏州担任此职长达十四年之久，是康熙一朝江苏巡抚中任职时间最长的官吏。他关心民生疾苦，多次赈荒抚饥，深得人心。苏州文人汪琬对宋荦在苏州的治绩颇为了解，他在《绵津山人诗集序》中对宋荦的称赞完全可以代表苏州士绅、百姓对宋荦的基本看法：宋荦之为人“光明而俊伟，博大而醇深”；为官处理政事勤勉不殆，“廉而不刿，严而不苛，抚循吏民，煦煦慈爱而不失之姑息”。宋荦来到苏州的最初四个月内，处理了前任堆积的案牍文书七百件之多，他每天处理这些案牍，“裁决簿书”，“往往至丙夜”，即使是精力充沛的精锐少年也望尘莫及，自叹不如。衙署中一二老奸宿蠹，见到这位新任巡抚大人如此严谨勤勉，只得“俯首侧足，亦率不敢旁睨，考其设施”。宋荦在江苏巡抚任内，康熙帝三次南巡到苏州，康熙帝看见苏州一带社会稳定，百姓安定，便对宋荦褒奖有加，誉之为“清廉为天下巡抚第一”。

作为一名风雅的文士，宋荦很喜欢考文证史，汪琬《绵津山人诗集序》说他“宦游南临江淮，北俯碣石，所过名山大川、长林峭壑，无不往探古今金石之刻、鼎彝之器、经史百家之学，以讫法书、名画，无不采览。隐逸之谷，耆旧之庐，与夫四方骚人、寓公之所在，无不延访而折节”。亲临苏州这座有着丰厚历史文化积淀的城市，在公务之余，宋荦自然不会放过一切文化探访的机会。他和苏州的文人往还甚密，时有诗文唱和及学问的切磋，康熙三十八年（1699），在他的主持下，由常州文人邵长蘅、苏州学者顾嗣立等人一起，共同订补完成了南宋时期施元之、施宿父子的《东坡诗注》残本。康熙四十二年，宋荦选录了王式丹、徐昂发、钱名世、顾嗣立、蒋廷锡、徐永宣等十五位江苏文人的诗歌作品，编成《江左十五子诗选》，对清初江南诗风的发展起着至关重要的作用，诚如王士禛在《叹老口号寄宋牧仲开府》中所说：“尚书北阙霜侵鬓，开府江南雪满头。”

面对苏州的灵山秀水以及诸多园林风物，宋荦完全沉醉其中，他时常跋山涉水，寻访名人遗迹和故址，乐此不疲。个中原委，作为宋荦的好友，汪琬自然要比别人了解得深切些。他在《绵津山人诗集序》中是这样解释的：此实乃宋荦"所以拓其胸次，而陶育其性情者"也，而且沉浸在苏州历史文化的氛围中"复久且深"，宋荦"其志愈充"，"气愈下"，最终展现给世人"才高"、"学宏"、"养裕"的魅力。

沧浪亭是苏州名园，为北宋著名诗人苏舜钦归隐苏州时所建。苏舜钦去世后，沧浪亭也数易其主。在很长的时间内，沧浪亭成了寺庙，而后就逐渐湮没，宋荦巡抚江苏时，沧浪亭已是"野水潆洄，巨石颓仆，小山藂翳于荒烟蔓草间，人迹罕至"。宋荦见此情景，不禁感慨万千，康熙三十五年（1696）便"亟谋修复"，"构亭于山之巅"。很幸运的是，他得到了明代苏州著名书法家、画家文徵明的隶书"沧浪亭"三字，就把这三字"揭诸楣"，恢复了沧浪亭的旧观。为此，宋荦还专门写了一篇《重修沧浪亭记》，描述恢复旧观之后的园中美景和取景命名的用意："亭虚敞而临高，城外西南诸峰，苍翠吐欱檐际，亭旁老树数株，离立拏攫，似是百年以前物。循北麓稍折而东，构小轩曰'自胜'，取子美《记》中语也。迤西十余步，得平地为屋三楹，前亘土冈，后环清溪，颜曰'观鱼处'，因子美诗而名也。跨溪横略约以通游屐，溪外菜畦，民居相错如绣。亭之南，石磴陂陀，栏楯曲折，翼以修廊，颜曰'步碕'。"重修后的沧浪亭一时"遂擅郡中名胜"（宋荦《重修沧浪亭记》）。由此可见，宋荦重修沧浪亭，几乎完全按照苏舜钦的《沧浪亭诗》与《沧浪亭记》中的意境造景，并以其中的语汇、典故命名，在沧浪亭的匾额、

位于光福的「香雪海」

楹联中也处处体现了苏舜钦的古意。今存沧浪亭虽非完全复苏舜钦之旧观，而经由宋公修复之貌亦当与子美之境不远矣。与此同时，宋荦还主持编修了一部《沧浪小志》，系统整理了沧浪亭这座古典名园的历史，直至今天，《沧浪小志》依旧是研究苏州园林史的重要历史典籍。

苏州城外的光福古镇，去城七十里，自宋元以来，光福一带的群山遍植梅花，蔚然如雪海，每到春日梅花盛放的时节，一路画舫如织，行进在邓尉、玄墓诸山梅林的河道之中，不仅有满目如雪这样梦幻般的视觉冲击，更有沁人心脾的阵阵暗香袭来，称为“溢雪流香”，亦不为过。“雪”、“香”并举，便是邓尉梅海的一大特色。康熙三十五年（1696），时任江苏巡抚的宋荦，冒着蒙蒙细雨，到光福古镇赏梅，在梅花最盛的吾家山欣然写诗题词，其诗曰：“探梅冒雨兴还生，石径铿然杖有声。云影花光乍吞吐，松涛岩溜互喧争。韵宜禅榻闲中领，幽爱园扉破处行。望去茫茫香雪海，吾家山畔好题名。”（宋荦《雨中元墓探梅》）末句所谓的“吾家山畔好题名”，在其题注中，宋荦有明确的交代：“余于吾家山题‘香雪海’三字。”康熙帝先后三次、乾隆帝先后六次到邓尉探梅，都写有多首咏梅诗。乾隆帝在《邓尉香雪海歌叠旧作韵》中就对宋荦的题名表示赞同：“邓尉西北山名吾，昔游未到兹到初。奇峰诡石更幽邃，商丘（按：指宋荦）三字沕匪诬。虎山桥春水碧涨，光福塔舍利光舒。湖山表里互映带，都拱香雪为范模。”自此之后，宋荦在崖壁上所镌刻的“香雪海”三字，便成为光福梅海的代称，名闻天下。而且直至今日，几乎所有的诗人在诗作时，都将“雪”与“香”并举，以描绘邓尉梅海的景象。

无论是沧浪亭城市山林的清流含翠，还是香雪海梅花的凌霜傲骨，都是宋荦这位“清廉为天下巡抚第一”者的最好写照。所以，后来沧浪亭修建五百名贤祠时，将宋荦的画像刻于石上，其画赞就以沧浪亭的清流为喻，赞颂其人其行：“惠爱黎元，宏奖髦士。心迹双清，沧浪之水。”其实，这也正是宋荦一直以来的自我期许，他在《重修沧浪亭记》中曾经有过很明确的表白，最后就让我们一起欣赏这篇精彩文字的片段吧：

予暇辄往游，杖履独来，野老接席，鸥鸟不惊，胸次浩浩焉，落落焉，若游于方之外者，或者疑游览足以废政，愚不谓然。夫人日处尘坌，困于簿书之徽缨，神烦虑滞，事物杂投于吾前，憧然莫辨，去而休乎清泠之域，寥廓之表，则耳目若益而旷，志气若益而清明，然后事至而能应，物触而不乱。常诵王阳明先生诗曰：“中丞不解了公事，到处看山复寻寺。”先生岂不了公事者，其看山寻寺，所以逸其神明，使不疲于屡照，故能决大疑，定大事，而从容暇豫如无事，然以余之驽拙，何敢望先生百一，而愚窃有慕乎此；然则斯亭也仅以供游览欤？

肆

廉务

——经济世务，抚民以仁

民生，涉及老百姓的衣食住行，是他们最关心的那些日常。苏州有位大人叫周忱，他经常微服私访，这是问民疾苦；又有位大人叫寇慎，寇慎在“五义士”的风浪中，与魏忠贤一党周旋，维护苏州的安定，这是和人民站在一起……更别说陶澍、林则徐这样的社稷重臣，他们为苏州的经济发展、文教昌盛，做出了巨大贡献。

律己以严，抚民以仁。五百名贤祠里，每个人都有后世所评的赞语。

明江南巡抚谥文襄周公忱

伟哉文襄
久抚吴中
劝农储粟
财赋以充

周忱：爱写日记的巡抚大人

明宣宗宣德五年（1430），吉水（今属江西吉安）人周忱（1381—1453）经大学士杨士奇、杨荣推荐，授职工部右侍郎，奉命来到苏州，巡抚江南诸府，总督税粮。周忱刚来到江南的时候，苏州百姓士绅对这位巡抚大人的行政处事方式颇感困惑不解：在传统的观念中，巡抚大人应该是在衙署的大堂上严肃执法的，可是这位新大人却与以前所有的省级官员大相径庭。《明史·周忱传》中也曾就此说事儿，其中就说道：

忱素乐易。先是，大理卿胡概为巡抚，用法严。忱一切治以简易，告讦者辄不省。或面讦忱："公不及胡公。"忱笑曰："胡卿敕旨，在祛除民害；朝廷命我，但云安抚军民。委寄正不同耳。"既久任江南，与吏民相习若家人父子。

周忱性格随和，处理公务简易宽松，和以前历任巡抚，尤其是和他的前任大理卿胡概形成了鲜明的对比。因而有人就当着周忱的面批评他说："你不及胡公。"听到这样的意见后，周忱很是平静，笑着说："胡卿受皇上的旨意来苏州，他的主要任务是祛除民害，所以处理事情必须严厉；而朝廷命我来苏州，只是说要求我安抚军民，我们两人所受皇帝的委任托付完全不同而已。"

但是，随着时间的推移，苏州老百姓越来越了解周忱，大家发现这位新大人没有任何官架子，和衙吏衙役乃至黎民百姓“相习若家人父子”，于是周忱受到越来越多苏州百姓的尊敬和拥戴。周忱喜欢深入农村调查研究，每行至村落，都会屏去所有的车马和随从，在田间地头和农夫、村妇相对，促膝谈心，从容询问他们的疾苦，并详细耐心地和他们商榷处置办法。对于下属，即使是卑官冗吏，他也能做到虚怀若谷，敞开心扉听取他们的意见。一旦遇到有才能的人，他就和他们一起“推心与咨画，务尽其长”，也在一切可能的情况下竭力举荐。苏州知府况锺，松江知府赵豫，常州知府莫愚、同知赵泰等，都先后受到周忱的重用和推举。

周忱处理地方事务的态度和方式随和宽厚，但绝对不是没有原则的尸位素餐或是“捣糨糊”。这一点在苏州文人的史料笔记中有很多记载，且都清楚地反映了周忱工作的细致翔实和踏实勤勉。明代太仓人陆容在《菽园杂记》中赞叹周忱说：“江南巡抚大臣，惟周文襄公忱最有名。”他不但才识优于人，更主要的是他“留心公事，亦非人所能及”。陆容和许多苏州人都听说周忱有一本“册历”（即日记），他会把自己每天的行事记录下来，“纤悉不遗”，即便如每日阴晴风雨等天气的细节，亦必详记。开始人们对他的做法很是不解。直到有一天，有一位农民到衙门报告，说自己装载粮食的船被大风吹走了，不知所向。于是，周忱就询问这位农民船是哪一天丢失的？是午前午后？是东风西风？那人说不上来，只能胡乱应对。周忱根据“册历”的记载，一一告诉他实情，“是日江中无风”。那人惊服不已，欺诈之事也被拆穿。就此小事，就足见周忱处事之严明公断。

周忱是明代历史上为数不多的以善理财而知名的官员。《明史·周忱传》中就说：“当时言理财者，无出忱右”，“性机警，钱谷钜万，一屈指无遗算”。在此任上，他恪尽职守，不辱使命，出色地完成了对江南税粮的整顿和漕运改革。

明代中央政府对江南地区征收重赋。沉重的负担，迫使大批农民逃亡，国家税收来源大大减少，久而久之，造成了江南拖欠税粮严重的现象。宣德初年，周忱督抚苏州的时候，苏州府累计拖欠朝廷的税粮多达七百九十万石。虽然明王朝中央政府一直诏告天下，减轻税额，但是江南地区作为朝廷财赋的渊薮，实际上很多时候并未真正实行减免。周忱刚到苏州的时候，朝廷也颁发了减轻官田税额的诏书，但是户部却在暗地里“私戒有司，勿以诏书为辞”，继续向江南征收高额的赋税。周忱对户部的意见坚决加以抵制，并与苏州知府况锺一起，经过一个多月的精细筹算，把苏州府的赋税减少了七十二万石，江南其他诸府的赋税也因

位于苏州市书院巷的巡抚衙门旧址。巡抚衙门原来规模很大，现存清同治五（1866）年重建的大门、仪门、后堂、后楼等建筑

此有所减少，自此江南百姓的赋税压力“始少苏”。（《明史·周忱传》）

周忱在苏州进行税粮整顿的时候，还开创性地尝试了很多新的做法，比较彻底地解决了江南税赋中的重重弊端。他开创了“平米法”，均平官、民田的耗米；规定官铸铁斛，统一征粮的斗式，以防止粮长利用职权，从中牟利；又设置了“水次仓”，由老百姓直接前往交纳税粮，官员负责监收，杜绝粮长为奸作弊，贮粮私家；设置了“济农仓”，储存足够的粮食，以备荒歉；创设了立兑军解运税粮之制，既不误农时，又节省了漕运的费用；此外还施行了折征改纳“金花银”的做法，田赋实物税粮改折为白银，每两当米四石，将折银押解至京兑俸，这对纳税者来说，无疑免除了运输等盘费与麻烦，所以这一做法使得国家和百姓都大受其

江苏巡抚衙门旧址陈列展览

益，这就是《明史》中所谓“民出甚少而官俸常足”也。

周忱的这些做法，一则大大地减轻了江南老百姓的赋税负担，保障了江南经济的持续发展；二则在其任内，江南从未拖欠过朝廷的税赋。因而，周忱在江南督抚的实绩，受到了明宣宗的嘉赞，据《明史·周忱传》记载：“终忱在任，江南数大郡，小民不知凶荒，两税未尝逋负，忱之力也。”

此外，周忱还常常到吴淞江岸边，视察水利，疏浚河道，使昆山、顾浦等地的河水迅流驶下，壅遂尽涤；时常捐出薪俸，以修葺廨舍、学校、先贤祠墓、桥梁、道路以及崇饰寺观，无稍吝惜。这类细事还有很多。

五人墓記
五人墓記
崇禎二年孟冬既望立石

寇慎：那次最好的危机应对

《五人义》是现今京剧舞台上较为冷僻的一个剧目，这部戏所讲的是明代天启年间苏州发生的一场反对魏忠贤阉党的民变。在晚明时期，特别是经过文学家张溥《五人墓碑记》的传扬，这个故事和故事中的英雄人物早已广为传诵。

话说明朝天启年间，大太监魏忠贤专权误国，爪牙遍及天下，他们残害忠良，祸国殃民。苏州人周顺昌刚直不阿，因为不肯阿谀附和魏忠贤阉党，遭到了魏忠贤的忌恨。就在周顺昌乡居的时候，魏忠贤阉党假传圣旨，要到苏州逮捕周顺昌。苏州老百姓听闻此事之后，激于义愤，以颜佩韦、马杰、沈扬、周文元、杨念如为首，聚集数千人，向江苏巡抚毛一鹭请愿，为周顺昌开脱。不料毛一鹭本就是阉党中人，反而抓捕了周顺昌。这下矛盾进一步激化，百姓愤怒无可发泄，当场打死了一名前来抓捕周顺昌的锦衣卫缇骑，还有数名缇骑受伤逃走。毛一鹭见事发紧急，就藏在茅厕中，保住一命。锦衣卫的校尉潜逃至北京，向魏忠贤报告，说苏州发生了巨大民变。魏忠贤大怒，派兵擒获并杀害了五位义士。

就在我们为周顺昌、五位义士的壮举和人格魅力点赞的时候，故事中有一个"打酱油"的人物却长期被忽视了。他就是时任苏州知府的寇慎。

寇慎（1577—1659），字永修，号礼亭，自号没初逸叟，陕西同官人。

《五人义》戏曲人物画像

万历四十四年（1616）进士，授刑部主事，升工部虞衡司郎中。天启三年（1623）来苏州就任知府。在苏州任职期间，寇慎“志操清洁，勤于吏事，性复慈爱，问民疾苦，体恤至周”（《康熙吴县志》卷四十《宦迹》）。他刚来苏州的时候，正值发生大水灾，百姓闹饥荒，他想尽一切办法，让苏州的百姓渡过难关，保全救活百姓无数。为解决苏州繁重的赋税，他曾捐出自己的俸禄以补足苏州漕粮的缺口，与此同时，他向朝廷上奏折，请求减免苏州赋税征收的额度，“苏人赖之”。

在天启苏州民变中，五位义士击杀锦衣卫，局面失控混乱的时候，只有寇慎出面，才能够处理这个局面。当老百姓看到寇慎出来解围的时候，便纷纷叩头大呼：“公能治吴人，不能活周吏部耶？”平日里，寇慎在苏州的一系列惠政，深得民心，因而也有很高的威望，在寇慎的好言劝慰之下，百姓伏地，众人悲哀久之，才慢慢散去。后来，颜佩韦在临刑前还称颂寇慎说：“公好官，知我等倡义，非倡乱者。”

在处理苏州市民反对阉党的斗争中，寇慎周旋其间，“定仓卒之变”，为苏州的社会稳定做出了重要贡献，却因此得罪了魏忠贤阉党的党羽。江苏巡抚毛一鹭“益逞其毒”，更欲再抓捕一些有志节的缙绅、孝廉、秀才，但都被寇慎“以危词力争”，这许多义士才得以保全。（详见《陕西通志》卷五十七下）

明末清初著名学者顾炎武在十四岁时参加童子试，见到过知府寇慎，而且曾得到寇慎的“一言之奖”。成年之后，顾炎武更从乡里全面地了解寇慎其人其事，后来在为寇慎所作的《中宪大夫山西按察司副使寇公墓志铭》中以“救一方之困，而定仓卒之变”这两句话来概括他对苏州的贡献，这是很准确的。在铭文中，顾炎武是这样来解释寇慎“救困”与“定变”二者之间的关系的：“廉而劲，才而正。一方之人，知其爱利百姓。是以当事变之来，片言而定。”

颜佩韦、马杰、沈扬、周文元、杨念如五义士塑像

皇清两江总督赠太子太保谥文毅陶公澍

陆贽疏议

刘晏经纶

高掌远跖

一代伟人

陶澍：改革者和他的朋友们

在苏州古典名园沧浪亭中有一座重要的建筑五百名贤祠，祠堂里，苏州历史上自春秋战国至清代两千多年中五百多位重要的名贤、官宦、才子的肖像被镌刻在三面墙的石碑上，供世人膜拜楷范，此意正是祠中匾额上所题“景行维贤”也。

追溯五百名贤祠的历史，必须要说到清代著名的学者、一代名臣陶澍。为了旌表历代先贤和志士仁人，弘扬先王之道，以励风俗，道光七年（1827），时任江苏巡抚的陶澍在布政使梁章钜重修沧浪亭时，把康熙年间所建的苏公祠改建为五百名贤祠。在五百名贤祠中，至今还留有一副陶澍的对联，表明了他追慕先贤、以先贤为楷模的情怀。其联曰：“非关貌取前人，有德有言，千载风徽追石室；但觉神传阿堵，亦模亦范，四时俎豆式金阊。”在前贤精神的指引下，陶澍的一生，积极践行“景行维贤”的训诫，兴利除弊，以经世济民为己任。

陶澍（1779—1839），字云汀，湖南安化人，是清代经世派的代表人物。嘉庆七年（1802）进士及第，曾先后在山西、四川、福建、安徽等省担任布政使、巡抚等职。在各地任职期间，他都为官清廉，励精图治，实心任事，关心民瘼，积极致力于革除吏治积弊、漕运陋规，修堤束水，保障农田，岁歉赈济。在任职川东道时，口坐堂皇，剖决狱讼如流，总督蒋

陶澍在重修沧浪亭时，把苏公祠改建为五百名贤祠，此为五百名贤祠内高悬的匾额「作之师」

攸铦向朝廷荐群僚时，说他“治行为四川第一，堪胜大任”（魏源《皇清诰授荣禄大夫太子少保晋赠太子太保敕祀贤良祠兵部尚书兼都察院右都御史江南江西总督管理盐政谥文毅陶公行状》）。

陶澍极具革新精神，在进行各种改革的时候，不惧各种保守势力的阻挠，也不受各种物议的干扰，任劳任怨，尽心竭力。他在江苏所进行的漕粮海运改革，实行的盐票制度等，无不震惊朝野。至于兴修水利、整顿仓储、赈济灾民、加固海塘、发展经济、保障民生等方面所取得的成绩，也是有目共睹的。在他和属下的治理下，江南成为当时国内经济繁荣、社会稳定、改革成效卓著的地区，陶澍因此受到了道光帝以及朝中许多同僚的赞誉。魏源就在《陶公行状》中说：“公自任督抚以来，如漕务之创海运，三江三修水利，淮南之裁浮费、截粮私，淮北之裁坝杠、改票税，皆恒情所动色相戒，公奋不顾身，力排群议，卒能创始善终，可久可大。而海运、盐票尤百世之利，后之筹国者必将取法焉。”

其实早在道光五年（1825）夏，陶澍调至苏州担任江苏巡抚，就是临危授命的。当时，因洪泽湖决口，江苏境内的河、淮交病，漕运受阻。协办大学士英和上奏朝廷，力陈海运以及折漕之策，但因为物议纷纷，拖延半载而终无结果。就在这个关键的时候，陶澍受命于危急之际，他奏请苏州、松江、常州、镇江、太仓五个府州的漕粮一百六十余万石归海运，亲赴上海，筹雇商船。到第二年夏，海运的一百六十余万石漕粮全部顺利抵达天津，无一漂损，而且米色莹洁，远胜于河运者数倍。此事成功之后，陶澍也受到了朝廷的优诏褒美，赐花翎。

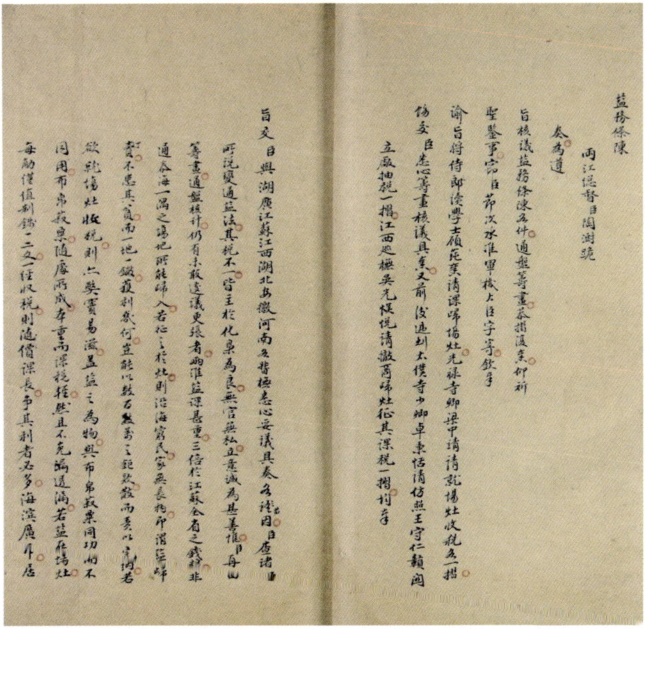
盐務條陳
两江總督臣陶澍跪
奏為遵
旨核議鹽務條陳各件通盤籌畫恭摺覆奏仰祈
聖鑒事竊臣前次承准軍機大臣字寄欽奉
諭旨將侍郎讀學士顧莼奏請課歸場灶光祿寺卿梁中靖請就場灶收稅各一摺
飭交臣悉心籌畫核議具奏又前後遞到太僕寺少卿卓秉恬請仿照王守仁贛闽
立廠抽稅一摺江西巡撫吳光悅請撤商歸灶征其課稅一摺抄寄
旨交臣與湖廣江蘇江西湖北安徽河南各督撫悉心妥議具奏各諭因臣查諸臣
所說變通鹽法其說不一皆主於化梟為良無官無私立意誠為甚善惟臣再四
籌畫通盤核計仍有未敢遽議更張者兩淮鹽課甚重三倍於江蘇全省之錢糧非
通各海一隅之場地所能歸入若化之於灶則沿海窮民家無長物即謂能歸
數不患其貧而一地一鐵獲利幾何豈能以數百數十之鉅款散而責以完納若
欲就場灶收稅則六艘賣易滋星鹽之為物與布帛菽粟同功而不
同用布帛菽粟隨處所成本重而課稅輕然且不免漏遞滴若鹽在場灶
每觔僅值制錢一二文一經收稅則適價課長爭其利者必多海濱廣斥居

《两江总督陶澍盐务条陈》等奏稿

道光十年（1830），陶澍升任两江总督。他面对的是积弊更深的盐政。多年以来，两淮地区的盐税繁重，盐商积欠，官府侵亏的税赋，很难弥补。面对这一难题，陶澍专心厘除积弊，他采取的主要措施有四：

其一，大规模裁减浮费，以降低成本。在陶澍的主持下，裁减衙门各种陋规浮费白银十六万两，分别减除淮南之窝价、淮北之坝杠、两淮之岸费，每年多达数百万两。

其二，加强府库的监督管理，慎出纳以重库款。陶澍改变以往盐库不分正、杂，遇事随便挪应的做法，将盐库分设内、外二库，正款贮内库，杂项贮外库，杜绝挪垫。

位于沧浪亭的《五老图》与《七友图》书条石。图中人物都是巡抚陶澍相邀，《五老图》是老者，《七友图》则是同岁好友

其三，严禁运粮的船只回空私带芦盐以及商船借官行私。

其四，仿山东、浙江票引兼行之法。在海州所属中正、板浦、临兴三大盐场选择要隘，设局给票，在盐票上注明斤数、运地。没有盐票，一律不准越境运输贩卖，一旦查处，即以私盐论处。

原本横行江浙一带的窝商蠹吏、坝夫岸胥，因为盐务新政使他们失去了中饱私囊的种种便利，于是就暗中联络言官，不断弹劾陶澍。面对群议沸腾，陶澍依然不改初衷，力排众议，毅然坚持实行改革。大半年过后，由他所推行的盐务新政在江苏取得了明显的收效。

陶澍在江苏为政多年，能取得卓越的成绩，还因他善于发现人才、提拔人才。由于太湖水泄不畅，江苏频遭水患。陶澍"择贤任事"，完成了江南"三江"（吴淞江、黄浦江和浏河）的疏浚工程，又先后完成了徒阳河、练湖、孟渎、白茆河的疏浚工程。数十年来吴中百姓一直受其利。陶澍所择之贤者，就是经由他荐引担任江苏巡抚、后来大名鼎鼎的林则徐，然而史书对林则徐疏浚江南河道大讲特讲，殊不知这完全是在陶澍的领导下完成的。《清史稿·陶澍传》中说他："见义勇为，胸无城府。用人能尽其长，所拔取多至方面节钺有名。"在陶澍的一生中，先后任用、荐引或提拔了林则徐、贺长龄、梁章钜、李星沅、王凤生、俞德源、姚莹、黄冕、汤鹏、魏源、包世臣、左宗棠、胡林翼等人，这些人后来都成为一代名臣。在陶澍主政江苏时期，正是这批人聚集在陶澍周围，形成了一个经世致用的学术群体，也正是这批政坛的新进，辅佐他完成了许多重要的改革，在江苏留下了很多惠政。

时至今日，虽然陶澍的名声似乎不及林则徐、魏源、左宗棠、胡林翼等人，但作为近代经世致用学风的开创者和社会改革的先行者，陶澍不应该被我们所遗忘。

皇清赐谥文忠云贵总督赠太子太傅林公则徐

公来民乐

公去民思

于汤不作

惟公嗣之

林则徐：三仕江东忆十年

苏州城中心的观前街北局，矗立着一座“林公则徐纪念碑”，这是苏州老百姓对爱国英雄林则徐的纪念。林则徐自嘉庆二十五年（1820）二月出任江南道监察御史，直到道光十七年（1837）正月，由江苏巡抚升任湖广总督离开苏州，除去丁忧家居六年，前后十年的时间里，在苏州先后担任江南道监察御史、江苏按察使、江宁布政使、苏州布政使、江苏巡抚、两江总督等职。林则徐对苏州有着深厚的感情，他曾写诗给继任江苏巡抚的李星沅，其中说道：“三仕江东忆十年。”在十年的时间里，林则徐作为江苏的行政长官，不仅给苏州百姓，还给整个江苏的老百姓留下了许多惠政，所以苏州的老百姓对这位刚正务实的地方官给予了很高的评价。据说，道光十二年（1832）二月，林则徐出任江苏巡抚，再次来到苏州的时候，苏州老百姓点烛燃香，夹道欢迎，奔走相告：“林公来，我生矣。”

林则徐为官清廉，不畏权势，行事果敢，在江苏执政多年，经济世务，进行了大刀阔斧的治理整顿和各项改革，深得百姓的称颂。

道光三年（1823）年初，林则徐任江苏按察使。就任之初，他发现“两江案牍繁多，视浙省不啻数倍”，单单是京控案件就多达三十余起，省内各级官员却一直久拖不审。为此，林则徐首先澄清江苏的吏治，改革审判程序，并亲自审理裁决案件。有时候为了查清一桩案件，他甚至黑夜潜行，明察暗访，还时时亲自参与验尸工作。他到任不到四个月，积压的案件就解决了百分之九十以上，被江苏的老百姓称颂为“林青天”。

林则徐出身贫寒，对民生之疾苦深有体会，他曾说：“民即不尽可悯，而农民可悯，而农民之勤者尤可悯。”作为江苏的地方官，林则徐实实在在地解决了许多民生问题，赈灾恤民、兴办慈善、兴修水利、改良科举、禁绝鸦片等，无不对江苏社会、经济发展大有裨益。

道光三年（1823）五月，江苏发生特大水灾，灾难遍及四十二个州县和五个卫、所，损失惨重，林则徐在《绘水集序》中这样描写道：“颠连之状，呼号之声，不忍睹而所睹皆是也，不忍闻而所闻皆是也。”就在饿殍遍野之时，松江知府杨树基因赈灾不力，导致饥民拥入府衙，几乎

位于苏州观前街北局的林公则徐纪念碑

林则徐半身像

酿成民变。时任江苏巡抚的韩文琦力主用兵镇压，按察使林则徐极力反对。他乘船前往灾变地区，一方面赈济灾民，解决灾民的生活困难；另一方面，将赈灾不力的娄县知县李传簪革职查办，松江知府杨树基交“部议”，林则徐的正直无私，深得士绅百姓的赞许，民愤也逐渐得以平息，社会秩序得到恢复。

水灾过后，林则徐继续采取一系列的重要措施，以解决全省水灾的善后工作。林则徐发布了《禁止贫民借荒滋扰告示》。在告示中，林则徐首先强调灾后社会稳定的重要性，明确规定灾民不许借机骚扰大户，严禁借此机会为匪。以此为前提，林则徐采取了一系列的措施解决灾民的各项生产、生活困难，主要有：劝说富户平粜粮食，严禁奸商囤积居奇，否则，将“按例严办”；强行劝谕官吏、地主捐赈，坚决打击“为富不仁”的气焰；以免税鼓励、刺激周边省份的粮食进入江苏境内，来平抑灾区的粮价。这些具体而实在的措施，受到了百姓的一致好评。

林则徐还是一位精通水利河政的专家，他在苏州主持兴建了许多水利工程，其中最为重要的当推疏浚“三江”。

在苏州地区，吴淞江、黄浦江和娄江（浏河）总称为“三江”，因为河道经常淤塞而水患不断。林则徐力主疏浚“三江”，其主要目的在于彻底解决太湖的泄洪问题。林则徐上书朝廷，得到了道光皇帝“非你莫属”这样的批复：“即朕特派，非伊为谁？所请甚是。”就在疏浚工程进行得如火如荼的时候，林则徐的母亲病故，他只好回家丁忧，再加上疏浚工程所需白银四十万两尚有较大的缺口，“频年筹措维艰”，“三江”疏浚工程只完成了黄浦江的疏浚就中途停止了。

道光十二年（1832），林则徐出任江苏巡抚，“三江”疏浚工程重新上马。林则徐采用了“以工代赈”和动员富户捐款等方法，“借资众力，广筹接济”，解决了资金短缺的问题。三年的奋战中，林则徐不止一次亲自坐在小船上勘察指挥疏浚。在官民的共同努力下，最终疏浚了浏河、白茆河、至和塘、茆淀，维修了宝带桥。在“三江”疏浚工程完工后，林则徐在奏稿中向朝廷报告：“此次竣工之后，适七月二十三、四、五等日，苏、松一带大雨倾盆，太湖附近诸山陡发蛟水，处处盛涨，拍岸盈堤，当即飞饬太仓、镇洋两州县，将该坝涵洞全行启放。据禀：‘滔滔东注，两日之内消水二尺有余，而秋汛大潮仍无倒灌。’是刘河之容纳与涵洞之宣泄，实已著有成效。”无怪乎江南的“绅士耆民”，在这一重大的水利工程完成之后，“扶老携幼，香花载道，无不欢欣鼓舞”。

自道光三年（1823）担任江苏按察使起，林则徐就开始了他的禁烟

位于沧浪亭内的林则徐题字『圆灵证盟』，典出谢庄《月赋》『圆灵水镜』之意

运动。对于鸦片的毒害，林则徐早就有着深切的认识。自从清政府发布了禁止吸食鸦片和贩运鸦片的禁令之后，鸦片的交易和吸食更加隐蔽。在江南地区，就有不法商贩利用本地发达的船运，把鸦片生意转移到水上的妓船上。林则徐明察暗访，了解了这些情况之后，认为江苏风气败坏，全因鸦片害人，于是向省内各州县发布禁烟告示，对举报烟贩和吸食者的人进行奖励。仅仅一个月的时间，惩处的毒枭、烟棍就多达数百人，在江苏打响了漂亮的第一仗。

此外，林则徐在苏州还大办慈善事业。他扩建了育婴

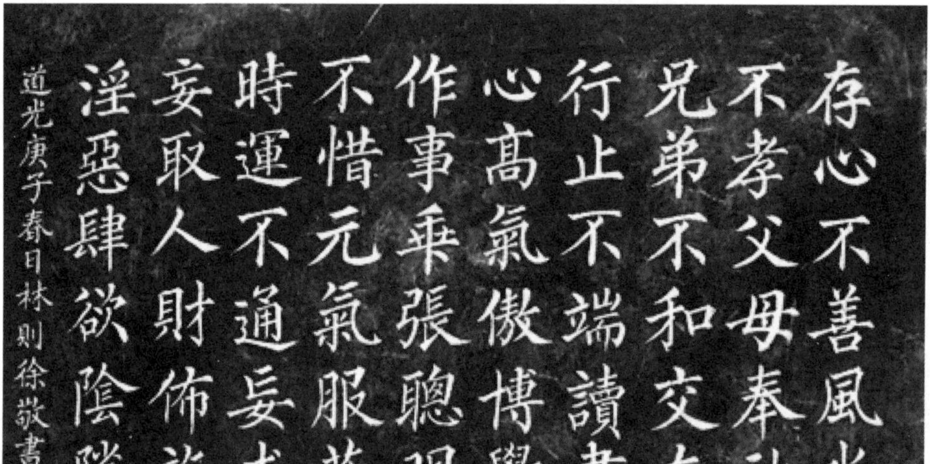

林则徐手书『十无益格言』
存心不善，风水无益。不孝父母，奉神无益。兄弟不和，交友无益。行止不端，读书无益。心高气傲，博学无益。作事乖张，聪明无益。不惜元气，服药无益。时运不通，妄求无益。妄取人财，布施无益。淫恶肆欲，阴骘无益。

林则徐虎门销烟雕塑

堂，收容乳婴、断乳婴和残废大婴，并教他们习艺谋生；他还鼓励在太湖边建立救生打捞机构。

两江总督陶澍是道光朝的一代名臣，他曾与林则徐搭档在江苏任职，也是林则徐的挚友，他曾在重病中向朝廷推荐林则徐说：“林则徐才长心细，识力十倍于臣。”充分肯定了林则徐在苏州的政绩。

当然，林则徐一生的成就还有很多，诸如虎门销烟、防卫新疆等，世人都耳熟能详。他的一生是伟大而崇高的，他曾写下了这样的豪言壮语：“苟利国家生死以，岂因祸福避趋之？”林则徐的好友、著名文学家梁章钜曾赠送给他一副楹联，恰到好处地概括了林则徐的才干和一生卓著的功绩，以及他为国为民、呕心沥血、殚精竭虑的精神，正是：“帝倚以为股肱耳目；民望之若父母神明。”

伍

廉泽

——治水安澜，泽被后世

苏州地处长江中下游、太湖流域，水网密布，在传统的农业经济时代，水利建设是关乎农业生产命脉的。因此，治水安澜也就成了历代地方官员的主要职责。这些治水安澜的牧宰面临的挑战一是水利工程的复杂度，二是长期在一线调度的以身作则。尽管有不少官员未满四十须发全白，尽管有的官员自己囊空如洗，但他们从未后悔，反之，他们知道自己的廉风笃行会带来什么：是那些水利工程的惠泽千秋，也是“承流修职”精神的永垂不朽。

唐苏州知府王公仲舒

以忠远名
有直而讽
维德维绩
日远弥高

王仲舒：宝带卧波多情思

在苏州城东南的运河之畔，有一座五十三孔的石拱桥横卧在运河水面上，形成了“宝带卧波”的胜景。这就是中国古代十大名桥之一的“宝带桥”。元代僧人善住曾写有《宝带桥》一诗：“运得它山石，还将石作梁。直从堤上去，横跨水中央。白鹭下秋色，苍龙浮夕阳。涛声当夜起，并入榜歌长。”诗作不仅生动地描绘了宝带桥的雄姿，更明确地指出了历史上的宝带桥曾在苏州地区的水利、交通、航运等方面起着至关重要的作用。

提及宝带桥，不得不说起唐代苏州知府王仲舒。

王仲舒（762—823），字弘中，并州祁（今山西太原）人。唐宪宗元和年间，曾担任过洪州（今江西南昌）刺史。在南昌任上，王仲舒鼓励文学活动，对南昌文学的发展做出了重要贡献，自己也曾作有《滕王阁记》等诗文作品。后又曾担任婺州（今浙江金华）刺史，在刚就任的时候，正值婺州干旱，时疫大作，婺州的老百姓死亡殆尽，王仲舒经过多方努力，拯救百姓无数。几年的治理，婺州出现了里闾完复、物阜民安的太平景象。他在婺州的治绩，也受到了朝廷的嘉奖，赐授金鱼袋及紫衣。之后，王仲舒来到苏州就任苏州刺史，在他的主持下，苏州“政成为天下守之最”（韩愈《唐故江南西道观察使中大夫洪州刺史兼御史中丞上柱国赐紫金鱼袋赠左散骑常侍太原王公神道碑铭》)。

王仲舒在苏州任上，除了实行宽松的赋税政策，坚持不扰民之外，最为人称道的莫过于捐资修建宝带桥，这在《新唐书》卷一百六十一《王仲舒传》中就有专门的记载：“(王仲舒)徙苏州，堤松江为路，变屋瓦，绝火灾，赋调尝与民为期，不扰自办。”《乾隆江南通志》卷六十三中也对这件事有过明确的记载：“(元和)五年，苏州刺史王仲舒堤淞江为路。时吴江境南北西俱水乡，抵郡无陆路，故堤路以达之。”

苏州是大运河两岸重要的经济城市和漕运枢纽之一。但是，大运河自苏州望亭至吴江平望一段的地势低下，太湖之水经常弥漫其间，造成河、湖不分，陆路交通受到很大的影响，基本不能通行。唐宪宗元和五年(810)，王仲舒就提出“堤淞江为路”的方案，计划在太湖东沿修筑一条长堤，将运河与太湖分开，这样就可以基本解决大运河苏州段的水患问题，而且还可以利用这条堤岸作为行船的纤道，大大地方便漕运。然而，就在堤岸修筑到澹台湖与大运河交接处时，出现了新的问题：如果填土作堤，“以为换舟之路”，长达三四百米的堤岸势必会造成太湖、澹台湖等湖泊水流经吴淞江入海的通道被阻断，而且即便堤岸建起来，也会受到诸湖泊波浪和激流的冲击，极易被冲垮，所以，在这个地方必须要修桥，以替代原先计划中的河堤。

在古代的技术条件下，修建这样一座三四百米的长桥，所需的人力、物力费用自然不菲。为了保证施工的顺利进行，保证江南漕运的畅通，王仲舒带头捐出了自己的玉带，作为修桥的资金。在他的带领之下，苏州的士绅、百姓纷纷慷慨解囊，捐款兴建长桥。宝带桥也因为王仲舒的这一义举而得名。

没过几年，一座“宝带卧波”的长堤大桥，便横跨在大运河、澹台湖上。元末苏州女诗人薛兰英曾在《苏台竹枝词》中用“生憎宝带桥头水，半入吴江半太湖”这样的诗句来描绘其作用，但更为重要的是，自此之后，苏州历代的百姓，特别是船工、纤夫，便深受其利。

时至今日，宝带桥的交通、运输功能早已不复从前，但是在中国古代水运居于主导地位的岁月中，这座桥梁的意义就非同寻常。宋、元以后，宝带桥曾因年久失修而坍塌，但继任的苏州地方官们都清楚修复这座长桥的重要性。明正统年间（1436—1449），江苏巡抚周忱就和苏州知府及吴县、长洲知县齐心协力重建此桥。清代道光年间，林则徐任职苏州时，也曾修复宝带桥。我们在欣赏“宝带卧波”这一壮丽美景，赞叹古人奇巧妙思的智慧时，又怎能忘记先贤们清廉勤勉的风操以及心系百姓的情怀？

蜿蜒夸长虹，吴会称杰观。
沦涟几万顷，放目失垠岸。
倒影射遥山，青螺点空半。
从来夸震泽，胜事无昏旦。
破浪涌长鬐，排空度飞翰。
肺肝入清境，划若春冰泮。
安得凌九垓，从公游汗漫？

宋·释道潜《吴江垂虹亭同赋得岸字》

李问和王廷坚：谁在苏州投下这样的虹

在江南运河段的文化遗存中，吴江垂虹桥无疑是最值得人们去关注的文化景观之一。虽然今天我们只能够看到垂虹桥坍塌之后残断的遗迹，但是在古代诗文集中，却是随处可见文人墨客流连忘返于此、吟咏不辍的文学盛景。包括苏轼、苏辙、王安石、秦观、姜夔在内的多位文豪诗家，都留下了许多吟咏垂虹桥的经典诗词作品。

王安石在《松江》一诗中写道："宛宛虹霓堕半空，银河直与此相通。五更缥缈千山月，万里凄凉一笛风。"而他的另一首长篇古诗《垂虹亭》，则认为垂虹桥"颇夸九州物，壮丽此无敌"。他一边极写垂虹桥的壮丽气势，同时，又着力于描写垂虹桥修建的背景和意义，在诗中，王安石陡生一问："谁投此虹蜺？"而此后的回答则明确地道出了"欲济两间厄"的重要功用，也体现出诗作关注民生的济世情怀。

为了能更好地体会王安石诗作中的济世情怀，我们有必要追述一下垂虹桥的历史。

吴江地处京杭大运河、太湖等诸多水系的交汇处，此诚如元代文人袁桷在《吴江州重建长桥记》中所说，太湖有多条河流汇入，水流丰沛，“汪洋巨浸”，水流至吴江以后，广衍弥漫，再加上地处南北交通之要冲，于是就呈现出“千帆竞发”的繁忙景象。但是，沿岸的百姓和商旅，常常苦于“驶风怒涛，舂激喷薄”，一旦水面高涨，溢出河床，就不能制御，失去水运便利的优势。早在唐代的时候，苏州刺史王仲舒就有感于此，在运河吴江段的河岸两边“筑石堤，以顺牵挽”。

时至北宋庆历七年（1047）冬，大理寺丞知县事李问、吴江县尉王

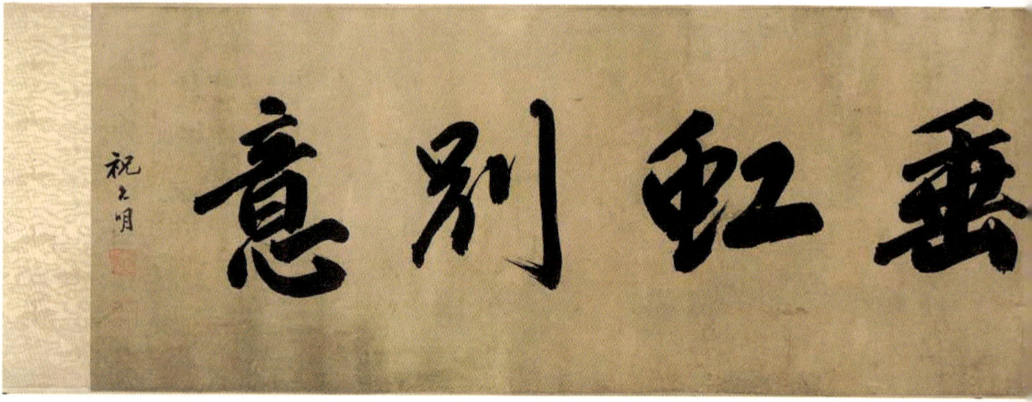

《垂虹别意》 明·祝允明绘

廷坚，怀揣着造福一方的想法，发动捐款“缗钱数百万”，本打算在吴江兴建学校，然而当时正值朝廷“诏禁郡、县不可新立学”，二人办学的计划就此搁浅，于是就计划将这笔筹集的钱款另派他用。他们两人商量道：“既然老百姓在我们的号召下已经捐献了这么多的钱款，如果不做一些便民的事，我们何以面对父老乡亲？”商量之后，李问和王廷坚就决定，把原本捐资兴学的钱款用于在运河之上修建桥梁，以利商旅、百姓交通往来，桥成之日，就把它命名为“利往桥”。这座新造的木质桥梁“东西千余尺，市木万计”，故俗称之为“长桥”。因为在桥的中心，“构宇其上，登以四望，万景在目，曰垂虹亭”，所以乡人又把长桥称为“垂虹桥”。（详见钱公辅《利往桥记》）

垂虹桥建成之后，百姓深感便利，对李问、王廷坚这两位父母官给予了很高的评价，钱公辅在《利往桥记》中的议论代表了当时老百姓的心声：“初，县城为江流所判，民半居其东，半居其西，晨暮往来，事无巨细，必舟而后可，故居者为不利。县当驿道，川奔陆走者，肩相摩，橹相接也，卒然有风波之变，则左江右湖，漂泊无所，故行者为不便。及桥之成，行者便，而忘向所谓不便；居者利，而忘向所谓不利。议者皆舌强不敢发。噫！贤人君子，措一意，兴一役，岂直为游观之美、登赏之乐哉？”其中的基本意思有这样两点：其一，垂虹桥的建成，解决了吴江县城因江流阻隔而造成的交通不便；其二，提醒世人在游观登赏“长虹卧波”美景的同时，千万不要忘记地方父母官关注民生的济世情怀和高尚品德。

刘魁：一件事，很多种“善”

垂虹桥建成之后，历代文人墨客登临远眺，沉醉于江南水乡烟波浩渺的意境中，留下了不少作品，但存世的诸多古文作品中，还有不少是关注于垂虹桥与民生利病的关系，以及褒奖修桥铺路者的慈善之举。除了钱公辅的《利往桥记录》之外，元代文学家袁桷的《吴江州重建长桥记》、明代文学家钱溥的《重修垂虹桥记》诸文，无不如此。

钱溥在《重修垂虹桥记》一文中，就记载了明成化年间重修时的一段感人故事。

明成化年间，垂虹桥因“历岁滋久，崩隤日甚”，大概只剩下原来的三分之一，吴江百姓颇感不便，于是就有重修之议。

最初，巡按御史刘魁经过垂虹桥，看到桥梁坍塌，就紧急召来吴江县令，一起商量重修之策。经过计算，发现重修一事，首要的问题就是“工巨费繁”，资金的缺口巨大。这一消息很快在吴江传开，老百姓纷纷捐款，其中有一位寡妇赵氏的事迹最令人感动。赵氏的丈夫屠晟在去世时，给她留下了一笔较为丰厚的遗产用于抚养遗孤，但赵氏一直勤俭持家，始终没有动用这笔遗产。她得知修建垂虹桥钱款不足的消息之后，就让她的孙女婿周禋到县衙，捐出白金千余两。县令把这件事情报告给刘魁，刘魁大喜，大赞赵氏的义举：“以一介寡妇，能有如此之举，若不

垂虹桥今貌

是有烈丈夫之志者，是绝对不能做到的。”于是，他就命县令对赵氏一门亲族加以表彰奖励，并立石记述。赵氏对刘魁和县令的褒奖致谢道：“我本妇人，本无足有闻于天下。只因为刘大人巡按我东吴大地，关心民瘼，为民请命，威声义闻，自足感人。小妇人所做之事，本非有所为而为之者，这完全是受到了大人的感化而已。”有了赵氏等人的捐款，在杨端等人的指挥下，不到两个月，垂虹桥焕然一新，恢复旧观。

对于这件事，钱溥发表议论说：“此乃一事而数善并焉”，刘魁“能使民以义”，赵氏“能舍财取义”，至于杨端与周禋，“内外谋合，上不负公之托，下卒成赵之志”，则又是余事也。赵氏之孤儿寡母，捐资“白金千余两”，行修桥铺路之慈善义举，以利济一方之百姓；巡按刘魁得知赵氏之义举懿行，便立石记述，一则褒奖赵氏，二则“书以为积而不散者之劝”，也就是钱溥所说的“使民以义，而加夫劝人之礼”。

在垂虹桥的历次修建过程中，地方官员和普通老百姓身上所发生的故事以及其中所蕴含的正能量，是永远值得后人铭记在心的。

明户部尚书谥忠靖夏公原吉

缵修禹绩

天挺夏公

农田万顷

利普吴中

夏原吉：又爱又恨吴淞江

黄浦江是太湖流域最为重要的一条河流，太湖之水主要经由黄浦江流入吴淞口，最后入海。但是，在明代以前，太湖水的主要出海通道并不是黄浦江，而是吴淞江，黄浦江只是吴淞江的支流。到了明代初年，明成祖永乐时期户部尚书夏原吉采用“掣淞入浏”、“掣淞入浦”的方案，一方面引吴淞江上游水入浏河，直接流入长江；另一方面，采用本地诸生叶宗行的建议，开凿范家浜，使黄浦江之水截过吴淞江，直接向北流入大海，也使黄浦江成为太湖水泄洪和入海的主要通道。

夏原吉（1366—1430），字维喆，湖南湘阴人。明洪武中，以诚笃干济被明太祖朱元璋所赏识。明成祖永乐元年（1403），太湖流域发生大水灾，吴江田禾尽淹。六月，苏州、松江、嘉兴、湖州四府全部被大水所淹没。夏原吉受命前往苏州，负责治理太湖流域的水患。

刚到苏州，夏原吉就昼夜跋涉，投入到了紧张的实地勘察之中，对苏州、松江、嘉兴、湖州四府以及太湖周边诸郡的地形地貌和水患成因做出了精辟的分析。他认为，在环太湖的诸郡中，苏州和松江二府地处下游，而周边的嘉兴、湖州、常州等地势又明显高出苏、松二府，再加上太湖四周绵亘五百里，上游接纳来自杭州、湖州、宣州、歙县等地的溪涧之水，流量丰沛，而下游仅靠吴淞江、淀山湖等少数的出口泄洪、入海，并且，吴淞江常常“为浦港堙塞”，就极易出现“涨溢害稼”的水灾。虽然历史上对吴淞江的疏浚也很频繁，但此江一旦受到潮汐的冲击，就会使得原本并不宽阔的河道被泥沙淤塞，造成“几成平陆，滟沙游泥，难以施工”的局面。与吴淞江形成鲜明对比的是古娄江（刘家港）和常熟的白茆港，二者“皆广川急流”，径入于海。（本段引文俱见《明史》卷八十八《河渠志六》）

经过调查之后，夏原吉提出了切实可行的治水方案。在夏原吉看来，在疏浚吴淞江等诸条河流的时候，刘家港和白茆港可以大加利用。所以，他大胆地做出了舍弃吴淞江、“事刘家河”的决定：把吴淞江上游的部分来水引入刘家港。为此，他首开昆山夏驾浦，引吴淞江水经刘家港入海。与此同时，为了减轻刘家港的压力，夏原吉还疏浚了常熟的白茆港、福山港，引昆承湖、阳澄湖湖水经白茆、福山诸浦入长江。

除了“掣淞入浏”之外，夏原吉还视察了黄浦江水系，虽然黄浦江的下游早已淤塞，难以疏浚，但他觉得“大黄浦乃通吴淞要道”，其旁有

范家浜，可以加以利用。所以，夏原吉决定组织人力开挖范家浜，使黄浦江上游来水经南仓浦口（今复兴岛）向西北流至吴淞口入注长江，这就是所谓的“掣淞入浦”、“黄浦夺淞”。这一水利工程，在明清时期的学者看来，“庶几复禹贡三江入海之旧”（钱中谐《三吴水利条议》）。

在整个工程进行期间，夏原吉身先士卒，风餐露宿，不辞辛劳地在施工现场，指导十万役工施工。他经常布衣徒步，日夜经画，“盛暑不张盖”。有人问他为何要如此辛苦，他回答道：“民劳，吾何忍独适？”经过一年多的奋战，到永乐二年（1404）九月，这项伟大的水利工程终于竣工，苏州、松江的农业生产受益巨大。

夏原吉“掣淞入浏”、开挖范家浜等一系列的治水工程，较好地解决了太湖下游长期以来的排水困难问题，他的业绩受到了后代赞誉。明代水利名著《吴江水利考》称赞夏原吉“指划详明，议论纯正，洵经国大臣也”。

皇清赐谥忠敏明督师大学士张公国维

抚绥十郡

大度渊涵

疏通水利

泽被东南

张国维：爱国志士的水利传奇

苏州的山塘街上，有一座张忠敏公祠，纪念的是晚明时期曾任江苏巡抚都御使的张国维。在祠堂中，苏州老百姓还建造了一座“泽被东南”的牌坊，以礼赞张国维对苏州水利建设的贡献。据乾隆《苏州府志》记载，张国维“建苏州九里石塘及平望内外塘、长洲至和等塘，修松江，捍海堤，迁工部侍郎，总理河道”。所以，沧浪亭五百名贤祠中张国维画像的画赞中就有“疏通水利，泽被东南”之语。

张国维（1595—1646），字玉笥，浙江东阳人。少以理学自励，因仰慕东林党之名，独自一人，赶路数千里，来到无锡，参加东林党人的会讲。张国维深受东林党学说的影响，他的一生正直不阿，关心国事，以求真务实、实学实用的经世精神为学、为官，所以，他的事迹后来也被列入《东林列传》中。

张国维于明天启二年（1622）进士及第，授广东番禺知县。在任期间，他兴办学校，向百姓传授农桑耕种之事，以德化民。因在番禺任内，屡擒巨盗，张国维以政绩卓异而擢刑科给事中，迁礼部，改太常少卿。在明亡以前，他曾任右佥都御史，巡抚应天、安庆、苏州等江南十府，主持兴建了安徽繁昌、太湖二城，享有美誉，故而沧浪亭五百名贤祠中的画赞又有“抚绥十郡，大度渊涵”之语，以概括他巡抚十府的美政。

张国维治吴七载，威惠大行，每当苏州遇上旱灾、蝗灾等，他就向朝廷上奏请蠲、请折，为了维护百姓的生计，他甚至常常抗疏入告。而他在苏州任职的七年时间里，最为世人所称道的便是对农田水利建设的重视。

苏州地区水网密布，“民以田为命，田以水为命，水不利则为害”，所以，自明初以来，苏州的水利设有专官，水利建设体系完备。但是万历以后，苏州的水利建设逐渐废弛，水旱灾害频发，农业生产受到很大的影响，歉收成为常态。张国维来到苏州，只身一人，“单骑驰驱”，“单舸巡汛”，走遍了吴中大地，遍探河渠，并根据实地勘察的结果，把三吴地区各条河流、水道绘制成图。后来他又搜集了历代关于太湖流域治水的

位于苏州山塘街的张忠敏公祠，门厅前为题有「泽被东南」的石牌坊，现在也是南社纪念馆

诏敕文书、臣僚章奏、官司案牍，甚至序跋、民间歌谣等，并把这些资料和他实测的吴中地区的水利图汇辑成《吴中水利全书》，全书三十卷，煌煌七十万言，成为我国古代十分重要的水利学著作。

在全面系统地掌握了吴中地区的河道分布与水利设施的基本情况之后，张国维就全力着手吴中水利工程的建设。据《江南通志》的记载，张国维在苏州任职的七年时间里，组织建设并主持了多项水利工程。

崇祯八年（1635），他同巡按御史王一鹗传檄吴江知县章日炌，要求章日炌仔细勘核吴江石塘的坍塌情况。经过实地调查，查明吴江应修的全塌石塘一千零五十五丈，半坍的石塘二千零八十六丈，平望西诸家铺河道缺口应筑内、外塘七百六十丈，在张国维的指挥下，这些石塘都得到了修复。此外，张国维还在吴江修建了长桥、三江桥、翁泾桥，这些举动得到了吴江士绅的支持，他们出钱出力，乐助其竣工。同年，张国维还督促松江知府方岳贡修建漴阙石塘。当时，漴阙坍塘长达二百八十九丈，内患口一百十九丈，东、西两塘接连的患口达一百十七丈之多，东尽塘五十三丈，在张国维严密的组织和监督下，漴阙石塘得以修复，保证了松江府百姓的安全。针对太湖洪水下泄不畅的问题，崇祯九年，张国维上疏，建议修建吴江县长桥两侧的泄洪通道。朝廷允准之后，张国维很快疏浚了河道，开凿了九里石塘。崇祯十年，张国维又同巡按御史路振飞一起，主持重修了至和塘。崇祯十三年，他又命方岳贡在松江府沿海地区复建了捍海石塘。此后，他又疏请修治吴淞江、白茆港，在滨江、滨湖、滨海的隘口处，修筑堤坝，创建水闸，以便泄洪、蓄水。

张国维在吴中数年，常常废寝忘食，“徒跣暴烈日中”，不顾严寒酷暑，深入到工地。因张国维治水有方，苏州地区的农业生产连续稳获丰收，百姓深得其利，所以苏州老百姓便自发地在虎丘大堤之畔为张国维建生祠，表达对这位父母官的感激和拥戴之情，这就是今天依然可见的张忠敏公祠。

崇祯十三年（1640），朝廷得知张国维的才能，授以兵、工二部侍郎兼右佥都御史，专督河道建设。此后不久，山东大饥，米价大涨，一石米的价格将近为苏州的三倍，于是张国维就派人以低廉的价格从苏州调运大米到山东，设立免费粥厂，接济数以百万计的山东灾民。

张国维在苏州还有一件事情也不得不提，那就是他与《心史》的故事。崇祯十一年（1638），苏州大旱，承天寺的僧人在浚井的时候，在井底发现一部密藏在铁函中的稿本《心史》。话说宋末元初，著名的遗民诗人郑思肖在国破家亡之后，把自己一生中所写的诗歌誊抄好后藏于承天寺的井底。这部手稿记录了郑思肖作为遗民的心路历程，反映了他强烈的民族家国情怀。就在这部手稿历经了三百五十多年的沉寂，重现人世的时候，观者无不称奇，一时奔走相告。学者顾炎武为此来到苏州，写下了著名的《井中心史歌》。

此书发现后，苏州周边的复社成员被郑思肖的精神情怀所感动，纷纷传抄，并积极筹划刊刻，以便广为流传。就在群贤因刻书的资金欠缺而一筹莫展之际，张国维知道了此事，读过《心史》之后，他挥笔为此书作序，说："今海内文章节义，莫首吴门。此史一出，竟若历斗扪星者之表章恐后。"为了表彰郑思肖这位爱国者，张国维旋即捐出自己的薪水，用于刊刻《心史》，并在承天寺的井边立碑纪念。

就在几年之后，明清易代，清兵南下，《心史》成为许多江南遗民志士的精神支柱，一定程度上激发了他们的爱国热情，并鼓励他们参与到抗清斗争当中。作为《心史》的刊刻者，张国维最终也在这场历史巨变中，以身殉国——

清顺治二年（1645），张国维拥鲁王朱以海监国。清顺治三年（1646）六月，张国维退守东阳，二十五日，清兵破义乌，抵东阳七里寺。在这危

张忠敏公祠内景

急时分，张国维叫来儿子，询问他们面临生死的态度。长子张世凤坚决不愿苟且偷生，次子张世鹏的应答略有迟缓，张国维就以石砚掷过去，张世鹏哭着回答父亲道："从容尽节，慷慨捐躯，儿等甘之如饴，唯祖母年迈八旬……"就在这天午夜时分，张国维把明朝的官服穿戴整齐，从容写下了三篇《绝命书》，投入园中的池水而死。

不久，清军攻入东阳，见张国维已死，其中有不少人纷纷下跪叩头，痛哭不已。原来清军中的骑兵多为山东济宁人，当年张国维在山东赈灾施粥的时候，很多人曾受恩于张国维，如今见到恩人殉难，遂行下拜之礼。

张国维不仅是一位廉吏、循吏，更是一位爱国志士，苏州士绅百姓永远不会忘记这位前贤。晚清时期，柳亚子等人组织的南社就在虎丘山麓张国维祠中举行了第一次雅集，难道只是一种巧合吗？其中的深意自然值得我们深深地回味。

清长洲知县李公超琼

兴锄利氓

赈灾筑堤

听讼勤敏

清正廉洁

李超琼：长堤灯影背后的历史

每当华灯初上，金鸡湖就吸引着无数人的眼光，尤其是蜿蜒横亘在湖中央的一条斑斓彩带，那是苏州市民最熟悉不过的李公堤，苏州人心中最具风情水岸特色的商业街。然而，有谁知道，就在一百多年前，这里却一直水患重重，苏州百姓谈湖色变？直到一个人的到来，才改变了这里的一切，他就是晚清时期的元和县令李超琼。

李超琼（1846—1909），字惕夫，又字紫璈，出生于四川合江县一个穷苦人家。曾远走东北，当过多年幕僚。光绪五年（1879）举人。先后出任江苏溧阳、元和、阳湖、无锡、吴县、南汇、上海、长洲诸县知县。他在苏州任职时间最长，且先后担任过府城三县（长洲、吴县、元和）县令，据《民国吴县志》卷三《职官表》的记载，李超琼于光绪十五年七月，由溧阳调署元和县，代理知县，次年二月调补任知县，直至光绪十九年离任。光绪二十二年，出任长洲县令，同年又重任元和知县直至光绪二十四年。光绪三十年，李超琼出任吴县知县。光绪三十三年再任长洲知县，翌年死于乌鹊桥附近的长洲县寓所。

金鸡湖，在苏州城葑门之东不到十里，归元和县管辖。金鸡湖向东可以到达斜塘，向西到黄石桥，南接独墅湖，北通娄江，交通位置非常重要，是苏州城东元和县的交通要道。但是，每当湖中狂风骤起的时候，湖面上即刻出现惊涛骇浪，“樯摧楫倾，帆攲舵侧”（俞樾《李公堤记》）便是常有之事。时间一久，当地的老人就把金鸡湖视为“畏途”。巨大的风浪，还不断地侵蚀着堤坝以及堤岸边上的农田，即俞樾在《李公堤记》中所谓“顽飓啮堤，怒流溢入”，使原本郁郁葱葱的青陇，顿时化为“污渠”，农民也因此常常颗粒无收。所以，一直就有人聚谋呼吁，希望在金鸡湖中筑堤修坝，以阻挡风浪对百姓的威胁，但是因为种种原因，这样的倡议和美好愿望，却一直没有得以实现。

光绪十五年（1889），李超琼调任元和县知县。下车伊始，李超琼就着手咨访民生疾苦，“以兴锄利氓为己任”。当地士绅听说元和县来了一位爱民如子的县令，在吴大根、吴嘉椿、沈宝恒、潘祖谦、沈国琛、尤先甲、张履谦等人的率领下，纷纷到县衙提出在金鸡湖筑堤的申请。

就在这一年秋天，苏州秋雨成灾，农民严重歉收。李超琼在发放朝廷赈灾款项之外，又在元和县开创了赈捐的先例，向士绅、富户集资，以解决百姓的生活困难。赈灾结束之后，赈灾款尚有结余，于是李超琼就向台司申请，将赈灾结余的白银一万两用于修筑长堤。

光绪十六年（1890）夏，在获准之后，经过周密的勘察，李超琼决定采用以工代赈的方法，在金鸡湖内修筑长堤。“以工代赈”，这是一种既不耽误农业生产，又让贫民、灾民通过修堤做工，有尊严地获得赈济款项的方法，而且“役平民无食者，俾食其力，故工不浮”，极少出现消极怠工的情况。此外，在李超琼的发动之下，民间捐资踊跃，先后有张履谦出钱二百万，沈国琛出钱一百万，作为修堤备料、用工的开销。

金鸡湖周围属于典型的江南湿地地貌，极少有大量的土石积存，因而筑堤取土便成为摆在李超琼面前的一大难题。但是，李超琼在寻访中发现，经过太平天国的多次战争之后，苏州城内的葑门、相门、娄门和齐门外，都堆有战争时遗留下来的大量“碎瓦残壁”。于是，他就调拨了

位于金鸡湖李公堤上的李超琼像

一百六十多条船只，往来于苏州城和工程现场，将这些“碎瓦残壁”运到金鸡湖中，堆筑成堤，大大地节减了修堤的费用。在金鸡湖大堤修好的同时，李超琼还顺带清理、修复了苏州城葑门、相门、娄门等处的官塘和驿路，可谓一举两得。

历时一年多，金鸡湖大堤终于顺利完工，元和县的百姓为了表达对李超琼的感激之情，仿照杭州西湖苏堤的命名方式，遂将金鸡湖大堤命名为“李公堤”。原本种在堤上用以固堤防风的数千株杨柳，随风摇摆，和水岸边用以护堤的片片茭白、芦苇，交相辉映，俨然成为一道独特的风景。俞樾在《李公堤记》中说：“登堤而望，则南湖北湖，柔文碎浪，湔湔其波，楫马船车，如行几席。”自此之后，金鸡湖“水波不兴，途

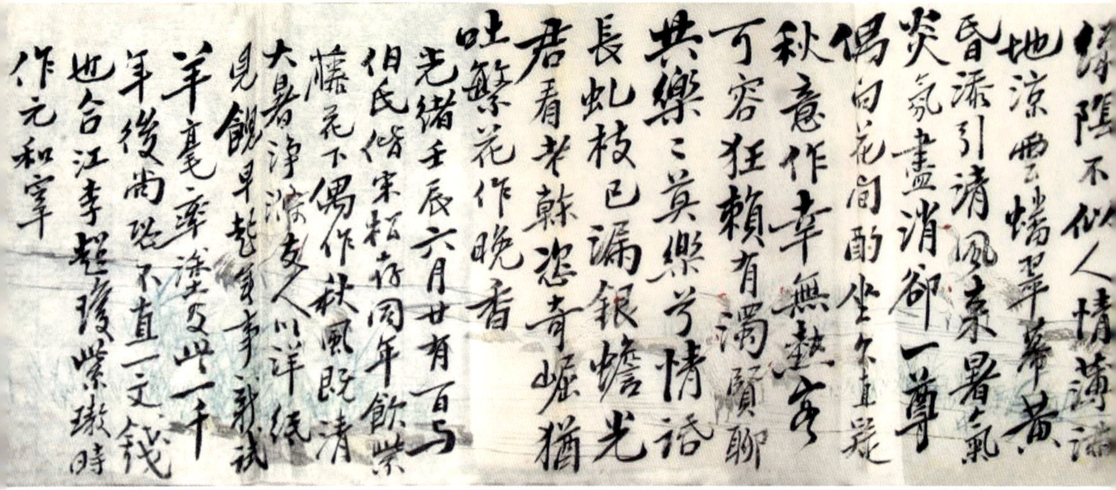
綠陰不似人情薄
地涼雲蟠翠幕黃
昏添引清風來暑氣
炎氛盡消卻一尊
偶向花間酌坐久直疑
秋意作幸無熱客
可容狂賴有濁醪聊
共樂之莫樂兮情話
長虬枝已漏銀蟾光
君看老藤恣奇崛猶
吐繁花作晚香
光緒壬辰六月廿有[illegible]
伯氏偕宋在存同年飲紫
藤花下偶作秋風既清
大暑淨滌吏人以洋紙
見餽早髭筆事戲試
羊毫率塗此一千
年後尚堪不直一文錢
也合江李超瓊紫璈時
作元和宰

李超琼手稿

无所危，而行旅皆便。帆樯若织，履险如夷”（尤先甲《重修金鸡湖堤工记》）。

除了李公堤之外，李超琼在苏州任地方官期间，还先后组织开挖、疏浚了章练塘镇（今属上海青浦）外各港三千一百五十二丈；疏浚了昆山的周庄、陈墓等镇的河流。

李超琼虽然只是一介七品知县，但是他却始终严于律己，诚挚待人，听讼勤敏，清正廉洁，这样的事例在李超琼的日记中就有很多记载。光绪十六年（1890）六月初九，有一位乡绅来到县衙，开始的时候和李超琼非常随意地谈论地方公务。当这位乡绅觉得县太爷心情比较不错的时候，忽然说起了他的邻里某氏争夺财产一案，于是就从袖子里取出一张巨额的银票，想要行贿，李超琼“不以入目”，“怫然推还之”。此事发生之后，李超琼在当天的日记中，还洋洋洒洒地发表了一通宏论，对这样的官场风气进行了猛烈的抨击。李超琼的严于自律，慎独、慎微的为官之道，尤其值得褒奖、弘扬。

今天，李超琼的后人已经把包括《衔恤记日记》、《辽左日记》、《矢勤轩日记》、《邵勤轩日记》、《石船居日记》、《京寓日记》、《石船居宦游日记》、《石船居在官日记》、《石船居宦吴日记》、《石船居古今体诗剩稿》在内的李超琼著作手稿，悉数捐赠给苏州市工业园区档案管理中心永久保存，这无疑是一笔丰厚的精神文化遗产，值得我们好好珍视。2012年，苏州市工业园区档案管理中心将李超琼在苏州任职期间的日记稿本点校整理，以《李超琼日记》之名出版，这无疑为今人继承、弘扬李超琼的精神提供了极大的方便。

今天，当我们徜徉在流光溢彩的李公堤上，感慨苏州安定繁华的同时，是否还应该在内心涌起一股别样的感动呢？在讲完李超琼和苏州的故事之后，我们不妨从他的《石船居古今体诗剩稿》中摘引《秋怀二首用东坡韵》，来再次感受一下这位晚清县令与杜甫一般深深的济世情怀吧：

其一

秋风有寒意，所忧在农时。苦雨日以至，吴棉摧可悲。

藤轩积阴黯，湿晕生书帷。老干若梯磴，静夜腾鼪狸。

可怜双鹊来，不敢栖虬枝。腐草知多少，为萤争飞追。

微明亟自炫，遑计霜雪期。霜雪岂有择，无为长嗟咨。

木叶倏已脱，松柏雕总迟。

其二

昨宵声喧豗，卷地走飞雨。凄切傍枕鸣，亦有孤蛩语。

似诉穷黎心，今夕愁败堵。茅屋破且颓，遑论滴漏苦。

不识滨湖田，谁能捍禾黍。三吴亟水利，宣泄汇黄浦。

胡为三日霖，遂使忧百亩。蛩兮尔毋然，会见晴光吐。

李公堤夜景。每当华灯初上，李公堤就像蜿蜒横亘在湖中央的一条斑斓彩带，吸引着无数人的目光

陆

廉教

——志操高洁，德化育功

纵观苏州历史上的名贤循吏、廉吏大人，不乏文采风流的骚人墨客，他们不仅用优美的诗笔描绘了苏州秀丽的山水，更在诗作中表达了“惟歌生民病”的济世情怀。诗官志操高洁，具有文人品格。苏州崇文重教的城市精神也通过这些文教义师流传下来。诸如范仲淹这样的名贤，以文教化育为己任，注重培养人才者，在苏州历史上不胜枚举。

廉政亦离不开德育。名贤递来的那支笔，我们还会继续握下去，写下去。

唐苏州刺史韦公应物

少岁不羁

晚而折节

澹诗一卷

渊明比迹

韦应物：用诗歌表达廉心

独怜幽草涧边生，上有黄鹂深树鸣。
春潮带雨晚来急，野渡无人舟自横。

唐代诗人韦应物的这首经典名作《滁州西涧》，以其清韵秀朗，"高雅闲淡，自成一家之体"（白居易《与元九书》），为历代传诵不绝。南宋诗论家严羽在《沧浪诗话》中把这样独特的诗风命名为"韦应物体"，然而后人对韦应物最为亲切、也是传播最广的称呼却是"韦苏州"。这大概不仅因为韦应物出任过苏州刺史，更因为他那承自陶渊明的恬淡悠远诗风，与苏州人的温雅有着某种契合吧。

唐德宗贞元四年（788）秋，韦应物至苏州任刺史。虽然经过多年的宦海沉浮，韦应物时有归隐山林之念，但是来到苏州，作为地方官，他还是恪尽职守，尽心尽力地做好本职工作。韦应物品性高洁，为官常怀忧民之心，故而诗作也有较多关怀民间疾苦的内容，对广大人民长期遭受战争灾难、沉重的徭役赋税，寄予了深切的同情，所以清代刘熙载《艺概·诗概》将他的诗与另一位现实主义诗人元结并举，说其诗"忧民之意如元道州"。

苏州作为唐代的大邑，衙署事务非常繁重，所以通宵达旦对韦应物来说是家常便饭。"冬冬城鼓动，稍稍林鸦去。柳意不胜春，岩光已知曙……公门自常事，道心宁易处？”（韦应物《晓坐西斋》）这正是韦应物宵旰忧劳工作状态的真实再现，和拯济天下万民为己任的自我表白。在苏州刺史任内，韦应物时常要在秋冬时节的大清早，凌霜冲寒，外出执行公务，寒露冰霜沾衣惹鬓，冷得他肤生寒栗，他曾在《凌雾行》一诗中描写了这一艰辛的情景：“秋城海雾重，职事凌晨出。浩浩合元天，溶溶迷朗日。才看含鬓白，稍视沾衣密。道骑全不分，郊树都如失。霏微误嘘吸，肤腠生寒栗。归当饮一杯，庶用蠲斯疾。”

在苏州刺史任上，韦应物勤于吏职，简政爱民，和苏州百姓同命运共患难，视百姓之忧喜如同己身，当他看到苏州粮食喜获丰收，非常激动地写下了《襄武馆游眺》一诗，诗中有曰：

州民知礼让，讼简得遨游。

高亭凭古地，山川当暮秋。

是时粳稻熟，西望尽田畴。

仰恩惭政拙，念劳喜岁收。

对于自己任上所取得的政绩，他绝不据为己功，一则感谢苏州的“州民知礼让”；再则不断地反躬自省，担忧自己没有尽职而愧对朝廷俸禄。他在《郡斋雨中与诸文士燕集》一诗中说：“自惭居处崇，未睹斯民康。”在《寄李儋元锡》一诗中更是战战兢兢地说：“身多疾病思田里，邑有流亡愧俸钱。”这样忧时爱民，自然深得百姓之拥戴。到了清代，苏州著名学者在读到这句诗后，用“不负心语”四字高度赞扬了韦应物的高尚情怀。

韦应物不仅严于律己，而且还用自己的这套为官准则教育身边的亲朋好友，他在《赠李判官》一诗中把为官的品德和个人的才华相提并论，强调官员应该坚守的道德底线是“食蔬程独守，饮冰节靡违”。他自己是这么说的，也是这么做的。韦应物在苏州刺史任满之后，一直没有新

韋蘇州

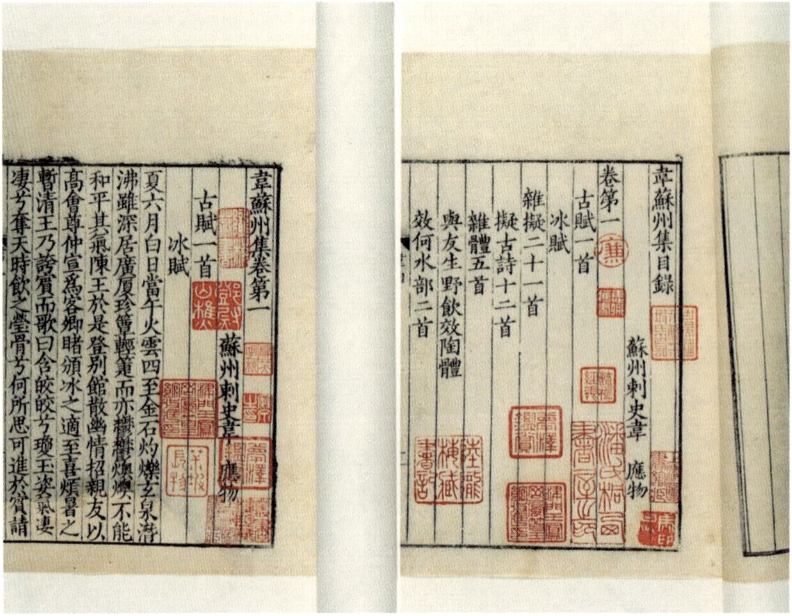

明刊本《韦苏州集》

的任命，没有了官俸的他一贫如洗，居然贫困到没钱回京城长安候选，只能寄居在苏州城外的永定寺，不久客死他乡。

韦应物的诗歌潇洒飘逸，但如果我们能真正做到知人论世、披文入情的话，就会发现韦应物的“澹诗一卷”，不仅在风格上堪和“渊明比迹”，他“自安蹇劣”、“薄世荣”的精神品性，也与陶渊明“不为五斗米而折腰”的人格精神一脉相承。他在《幽居》诗中明确地表达了自己看透封建官场的昏暗，亟想远离而求得精神解脱的强烈感情。在行文最后，我们不妨一读：

贵贱虽异等，出门皆有营。
独无外物牵，遂此幽居情。
微雨夜来过，不知春草生。
青山忽已曙，鸟雀绕舍鸣。

位于虎丘山的五贤堂。明万历二十六年（1598）长洲知县江盈科在平远堂旧址上建唐宋五贤祠，1996年平远堂改建时将唐宋五贤祠移建于原千手观音殿内，并改名为『五贤堂』

时与道人偶，或随樵者行。

自当安蹇劣，谁谓薄世荣？

自古以来，先贤、名贤之于文化的发展就备受世人瞩目，也受到了普遍的敬重，《礼记》中有谓："祀先贤于西学，所以教诸侯之德也。"道德标杆的楷范作用，自然受到历代统治者和教育者的高度重视。除了乡贤之外，历代名宦以及游寓客居的名人，也逐渐成为世人膜拜的对象。

在历代诸多名贤循吏、廉吏大人的生前身后，苏州百姓通过建祠的方式，表达对他们的感怀和纪念。我们最熟悉的是沧浪亭中规模宏大的五百名贤祠。除此之外，还有一些祠堂，既有如白公祠这样祭祀一个人的，又有祭祀群贤的虎丘山五贤堂。

韦应物，就在其中，被苏州百姓纪念着。

唐苏州刺史刘公禹锡

政擢贤良

学通经史

颉韦颀白

卓哉刺史

刘禹锡：诗官的文字和政治

刘禹锡和韦应物、白居易一起，并称为“苏州三刺史”，所以，在沧浪亭五百名贤祠中的像赞有“颉韦颃白，卓哉刺史”这样的评语。

刘禹锡的一生是积极仕进的一生，是积极参与社会革新的一生，又是充满着挫折的一生，但在每一次经历挫折和磨难之后，个性倔强的他从不气馁，从没有怨艾，反而会以全新的姿态投入到奋斗和工作之中。

贞元二十一年（805）正月，唐德宗去世，顺宗即位。顺宗为太子时，即有变革新政之志，所以即位之后的顺宗就启用原太子侍读王叔文、王伾进入决策中枢。刘禹锡素与王叔文友善，因而他和柳宗元等人都得到了重用，积极推行具有进步意义的革新，史称“永贞革新”。由于“永贞革新”触犯了藩镇、宦官和大官僚们的利益，在保守势力的联合反扑下，革新很快失败，顺宗被迫让位于太子李纯，王叔文被赐死，王伾被贬后病亡，刘禹锡与柳宗元等八人被贬到偏远的州郡任刺史，这就是历史上有名的“二王八司马”事件。

刘禹锡在这一事件之后，连续被贬为朗州（今湖南常德）司马、连州（今属广东）刺史、夔州（今重庆奉节）刺史、和州（今安徽和县）刺史。长达二十多年的贬谪、漂泊并没有消泯他内心的积极进取。在多年之后遇到好友白居易的时候，他写下了《酬乐天扬州初逢席上见赠》这样豪情满怀的诗篇：

巴山楚水凄凉地，二十三年弃置身。

怀旧空吟闻笛赋，到乡翻似烂柯人。

沉舟侧畔千帆过，病树前头万木春。

今日听君歌一曲，暂凭杯酒长精神。

二十三年的贬谪生涯，经历过太多的凄风苦雨，长期被弃置，不得重用，才华无法施展，但是刘禹锡对未来依然充满着希望和信心，一句“沉舟侧畔千帆过，病树前头万木春”，道出了对未来的强烈渴望，表达了重新投入生活的意愿及其坚韧不拔的意志。

唐文宗大和六年（832）二月，刘禹锡抵达苏州，就任苏州刺史，开始了在苏州一年多的为政经历。在苏州期间，他依旧壮志满怀，在与好友白居易的唱和诗作《乐天寄重和晚达冬青一篇，因成再答》中，刘禹锡是这样说的：

风云变化饶年少，光景蹉跎属老夫。

秋隼得时凌汗漫，寒龟饮气受泥涂。

东隅有失谁能免？北叟之言岂便无。

振臂犹堪呼一掷，争知掌下不成卢。

谁说叱咤风云只是年少人的专利，老夫只有“光景蹉跎”的份儿？刘禹锡在诗歌的开篇一联就大有一种“老骥伏枥，志在千里”的豪情，联系刘禹锡在《酬乐天咏老见示》中的“莫道桑榆晚，为霞尚满天”，莫不如此。诗作的第二联用形象的比喻，进一步申说自己积极有为的志愿。在秋冬季节严寒的逼迫下，植物凋敝，百虫蛰伏，但是严寒却始终阻挡不了鹰隼的翱翔和神龟在泥淖中的自由呼吸。诗歌的尾联，刘禹锡针对白居易来诗《代梦得吟》中“局势虽迟未必输”一句有感而发，虽然现在早已不再年轻，但是依然可以振臂高呼，孤注一掷，既然这样，又有谁能

刘禹锡像 选自《历代名臣像解》

鍾尚書

刘禹锡纪念馆

够知道我在迟暮之年，就不能获得人生的大胜呢？刘禹锡很清楚，伤心和挫折总是难免的，关键的问题还是要在不利的条件下振作精神，去积极争取施展抱负的机会，这样才有可能化不利为有利，建立起稳操胜券的信心和勇气。

刘禹锡也是这么做的，他在苏州担任刺史的所作所为，可圈可点。刘禹锡抵达苏州的前一年发生了水灾，给苏州带来一副“物力萧然，饥寒殒仆，相枕于野”的局面，并尚未得到很好的控制，所以，刘禹锡到任后的第一件事情就是“询访里闾，备知凋瘵”（刘禹锡《苏州谢赈赐表》），“悉心条理，续具奏论”（刘禹锡《苏州加章服谢宰相状》）。经过细心努力，刘禹锡想方设法实施朝廷“赐米”赈灾的敕令，从苏州的常平义仓中调拨十二万石大米，以解决百姓的饥荒，同时还蠲免了部分的赋役。至此，前一年度水灾造成的问题得到了很好的解决，“遂使人心获安”，“幸免流离，渐臻完复”（刘禹锡《苏州谢恩赐加章服表》），苏州老百姓“阖境老幼，无不涕零”（刘禹锡《苏州谢赈赐表》）。

经过刘禹锡近两年的“夙夜竭诚”的治理和抚绥，苏州出现了“闾里获安，流庸尽复”（刘禹锡《谢分司表》）的安定局面。大和七年（833）十一月，朝廷考课中，浙西观察使王璠将刘禹锡的地方治绩定为“政最”，刘禹锡也因此获得朝廷的优诏嘉奖，获赐紫金鱼袋，以示荣宠。也许，刘禹锡内心最为看重的，还是苏州老百姓的口碑。大和八年（834），刘禹锡调任河南汝州刺史。在他离开之后，苏州老百姓把刘禹锡和韦应物、白居易并称，将他们并尊为“苏州三刺史”、“三贤”，为他们兴建思贤堂，以资永久供奉和纪念。

宋长洲县令王公禹偁

元之作宰
心切民依
代邑输粲
愍如己饥

王禹偁：一身清味，一如苏州青橄榄

在中国文学史上，杜甫和白居易是名声最盛的两位写实主义诗人，他们对民生疾苦的关注，以及深切的家国天下情怀，一直以来都是儒家知识分子的楷模。北宋初年的诗人王禹偁，就在他的一首诗中明确地宣称："本与乐天为后进，敢期子美是前身。"就是这一位以杜甫、白居易自我期许的诗人，曾任职于苏州，在苏州留下了不少精彩的诗篇，也留下了不少惠政，从而赢得了苏州百姓的口碑。如今，我们在沧浪亭五百名贤祠的石刻上依然可以看到他的风神，像赞对他的一生做出了高度的评价："元之作宰，心切民依。代邑输粲，惄如己饥。"

王禹偁（954—1001），字元之，济州巨野（今山东巨野）人。《宋史》卷二百九十三《王禹偁传》说他"世为农家"。王禹偁自幼刻苦习学，九岁能文。据说，后来曾任宰相的毕士安（谥文简）当时在巨野任郡从事，听说王禹偁之名，"闻其家以磨面为生"，就让他写一首《磨诗》，少年王禹偁不假思索，脱口而出："但存心里正，无愁眼下迟。若人轻著力，便是转身时。"毕士安大奇之，把他留在子弟间一起讲学。

青年时代的王禹偁，有着积极入世的精神，立下了宏远的理想和抱负，他曾在《吾志》一诗中自述其志曰："吾生非不辰，吾志复不卑。致君望尧舜，学业根孔姬。"诗中所谓"孔姬"，是指孔子和周文王第四子、周武王姬发的弟弟周公旦（周公姓姬，故称），由此可以见其学术完全是深植于儒家文化的土壤之中的。而“致君望尧舜”一语，则化用了杜甫《奉赠韦左丞丈二十二韵》中的名句：“致君尧舜上，再使风俗淳。”立誓取法乎周孔，步武“诗圣”杜甫的决心。

宋太宗雍熙元年（984）的秋天，王禹偁以正八品大理评事出任长洲（今江苏苏州）知县。王禹偁带着家眷，“孤帆冒雨行，全家随逆旅”，一路南下，他似乎颇有诗情，以“移任长洲县”为起句，连写了五首《移任长洲县》诗，其中第一首有曰：“移任长洲县，舟中兴有余。篷高犹见月，棹稳不妨书。雨碧芦枝亚，霜红蓼穗疏。此行纡墨绶，不是为鲈鱼。”

虽然说“姑苏名邦，号为繁富，鱼酒甚美，俸禄甚优”（王禹偁《与李宗谔书》），是很多人垂涎不已的地方，但王禹偁并没有在这里享受过

位于苏州平江实验学校内的长洲县学大成殿

鱼酒之乐。自雍熙元年(984)秋下车伊始，直到雍熙四年秋冬离任，王禹偁在苏州整整三年的时间内，自始至终都是勤民听政，旰食宵衣，任劳任怨。王禹偁后来在诗作中回忆这段为官经历的时候说："吴郡包山侧，长洲巨海湄。万家呼父母，百里抚茕嫠。敢起徒劳叹，长忧窃禄嗤。宦途甘碌碌，官业亦孜孜。"(王禹偁《谪居感事》)对于宦途的前景，或是职务的升迁，王禹偁并不看重，他也甘愿"碌碌"耳。但是百姓的疾苦，"万家呼父母"，茕嫠鳏寡者的呼号，无不时时刺痛着他的内心，他由此感到自己作为地方官员，责任重大，时刻担心自己不够努力，有负于朝廷的重托，更不愿做一个"尸禄素餐"的庸碌者。在王禹偁看来，衙门中的"官业"，尤其是民生问题，绝无小事，所以事情无论巨细，他都做到了"官业亦孜孜"。

为了能让自己时时不忘孜孜于"官业"，王禹偁在长洲县令的厅壁上题写了一篇《长洲县令厅记》，时时警励自己，不断地告诫自己要"无私于心，克俭于身"。不唯如此，他在苏州更积极推行儒家的仁政理想，以民生、民本为重，坚持不滋事、不扰民，让百姓在承平之世得以休养生息。一旦遇上水旱灾害，则立即施以赈济、体恤。此外他还积极办学校，推行教化，让百姓知礼义道德，以构建和谐安定的社会环境。这篇自励文章自从被王禹偁题写在厅壁之后，就一直作为苏州地方官员的官箴保存在县衙。据《吴都文粹》卷九记载，王禹偁此文后因"兵火不存"，到了南宋绍兴十年(1140)，长洲知县石珵请吴骐用隶书重新书写，刻石上墙，以为永久流传。这篇文章很长，但其中有些文字即便在今天也确有借鉴意义，不妨节录部分如下：

凶荒水旱，得专其赈恤；农时民力，得听其休息。然则无私于心，克俭于身。……强暴者刑之以法，孝悌者旌之以礼。宽其教以诱人，峻其令以约吏。时丰则敛之，岁饥则赈之。农有力而不夺，役非时而不行。辟之以庠序，诲之以礼乐，使父子亲，兄弟友，夫妇和，然后教祭祀以事鬼神，行庆吊以睦乡党。自然怀土不散，熙熙如春，弗知其然而然也。

苏州虽说富庶，但是这一地区的赋税历来要比其他地方繁重很多，且官吏中欺瞒虚报之风盛行，正所谓“吏好欺而赋愈重”。王禹偁任职长洲知县，首先要面对的是“民力甚虚，租调失期，流亡继踵”的局面。经过三年的励精图治，情况大有改观，出现了“小康之有萌矣”（王禹偁《长洲县令厅记》）。

王禹偁离任长洲知县前夕，写了一篇《为长洲令自叙》，细数期间的艰辛和甘苦。在文中他深有感慨地说道：“廉其身而浊者忌之，直其气而曲者恶之。”要在封建官场上做到出淤泥而不染是何等不易，清廉者不仅需要有“磨而不磷，涅而不缁”的品性，更需要足够的才干与政治智慧，才能够既坚守为官的道德底线，又真正解决民生之种种疾苦。在《为长洲令自叙》中，王禹偁记载了这样一件事：雍熙三年（986）秋日，农业歉收，百姓连基本的日常饮食都出现困难，而赋敛之数却丝毫没有减免，苏州的赋税因此而逾期未缴纳。户部督责于苏州郡，苏州郡侯则归罪于下属各县，百姓因此而受到鞭笞之刑者，每天不下数百人。王禹偁一次次亲眼看到黎民百姓“菜色在面而血流于肤”，不禁发出慨叹：“读书为儒，胡宁忍此？”于是，王禹偁就想方设法“出吏部考课历，纳质于巨商，得钱一万七千，市百粲而代输之”，代百姓完成赋税的输缴任务，从而最终帮助苏州百姓渡过了难关。

在苏州为政的闲暇时光，王禹偁则沉浸于诗书学问之中。甚为幸运的是，就在王禹偁任职长洲县令期间，他的好友、同年进士罗处约恰好在苏州任吴县县令，因而二人一起切磋学问，甚至“日相与赋咏”，苏杭之间，“人多传诵”（《宋史》卷二百九十三《王禹偁传》）。王禹偁也时常在诗文中表达出对这种生活的自得之情：“仆早岁与思纯（罗处约，字

位于周庄的刘禹锡《陋室铭》石碑。碑曰：「山不在高，有仙则名，水不在深，有龙则灵……」

思纯）在苏同为县令，每日私试五题，约以应制，必取两制官。”（王禹偁《哭罗三》诗下自注）此外，宋初晚唐派诗人潘阆以及浙江文人谢涛等，都先后前往苏州，与王禹偁诗文往还，相得甚欢。

苏州的山水名胜，自然也少不了王禹偁这样一位杰出诗人的游踪。诚如他自己在《谪居感事》一诗中所回忆的那样，在苏州为官三年，“政事还多暇，优游甚不羁”。他先后寻访陆龟蒙旧宅、吴王夫差馆娃宫、西施采香泾、吴王阖闾的剑池，尝遍了苏州的各种特产：洞庭红橘、松江鲈鲙等。所以他在诗中历数期间的经历：“村寻鲁望宅，寺认馆娃基。西子留香径，吴王有剑池。狂歌殊不厌，酒兴最相宜。草织登山屐，蒲纫挽舫绞。果酸尝橄榄，花好插蔷薇。震泽柑包火，松江鲙缕丝。”吴中山水的熏染，使得这位关心民瘼的诗人在苏州留下了许多佳作，这就是他在诗中所说的“三年无异政，一箧有新词”。试举两首，以为观瞻：

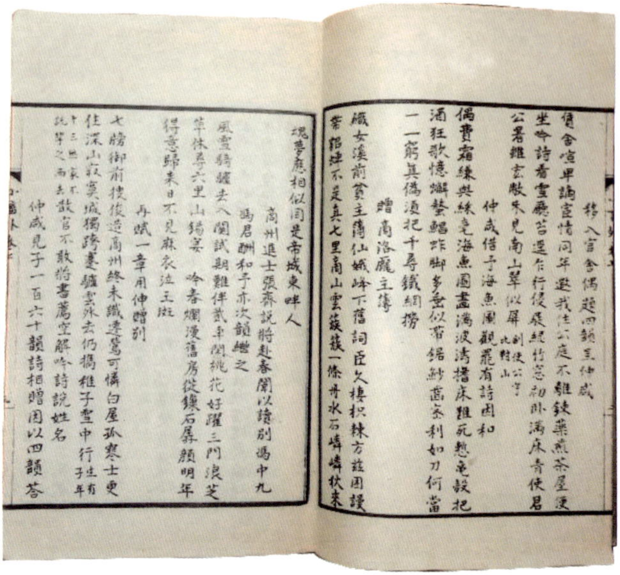
移入官舍偶題四韻呈仲咸
賃舍喧卑謫宦情同年避我住公庭不離鈴葉烹茶屋便
坐吟詩看雲廳苔逕行侵紅竹窓初卧滿床青使君判使公字
公署雖云散不見南山翠似屏北對山
仲咸借予海魚圖觀罷有詩因和
偶賞霜縑與絲竟海魚圖畫滿波濤攜床雖死魅魚殼把
酒狂歌憶蟹螯鰩咋腳多蟲似菅鋸鮫齒參利如刀何當
一一窮真偽須把千尋鐵網撈
贈高洛麗主簿
織女溪前貧主簿仙娥峰下舊詞臣久棲枳棘方茲困謾
帶韶娃不是真七里南山雲簇簇一條丹水石磷磷秋來
魂夢應相似同是帝城東畔人
商州進士張燕說將赴春闈以詩別鴻中九
鴻君酬和予亦次韻繼之
風雪騎驢去入關試期難伴貳車閑桃花好躍三門浪芝
草休尋六里山鵠姜 吟春爛漫舊房從鎌石屛顏明年
得意歸來日不見麻衣泣王斑
再賦一章用伸贈別
七膀御前拔後造高州終未識達鷹可憐白屋孤寒士更
住深山寂寞城獨跨羸驢雲外去仍攜稚子雪中行生有子年
十三無家不能筆之而去散官不敢將書薦空解吟詩說姓名
仲咸見予一百六十韻詩相贈因以四韻答

《小畜集》书影。该书为北宋时期的文学家王禹偁的一部文集

泛吴淞江

苇蓬疏薄漏斜阳，半日孤吟未过江。

唯有鹭鸶知我意，时时翘足对船窗。

再泛吴江

二年为吏住江滨，重到江头照病身。

满眼碧波输野鸟，一蓑疏雨属渔人。

随船晓月孤轮白，入座晴山数点春。

张翰精灵还笑我，绿袍依旧惹埃尘。

这两首诗歌都是王禹偁泛舟吴淞江时所写，诗作把吴地秀美的山水自然风光写得如诗如画，再加上张翰“莼鲈之思”这一典故的运用，更彰显了吴人悠然自得、追求自在惬意的精神以及“人生贵适意”的诗性生活和风雅态度。

就在王禹偁沉浸在苏州的诗歌风雅之中的时候，他依然不忘儒家知识分子以正谊行道为己任的人生理想和安贫乐道本色。在苏州，王禹偁品尝到了本地产的青橄榄，在尝到青果的涩味之后，作《橄榄》篇，以诗咏物，借以明志，表明自己愿作忠良之臣的决心："江东多果实，橄榄称珍奇。北人将就酒，食之先颦眉。皮核苦且涩，历口复弃遗。良久有回味，始觉甘如饴。我今何所喻？喻彼忠臣辞。直道逆君耳，斥逐投天涯。世乱思其言，噬脐焉能追？寄语采诗者，无轻《橄榄》诗。"其中所寄托的旨意，正与他早年《三黜赋》中"屈于身兮不屈其道，任百谪而何亏；吾当守正直兮佩仁义，期终身以行之"的自我陈说一脉相承，表现了百折不挠的坚强意志。

王禹偁此后的人生，也正如他自己在《橄榄》一诗中所说的那样，无怨无悔地为民请命，以其实际行动向世人展现了一位极具诤谏之姿的忠义之臣形象。王禹偁人生最后的岁月中，虽然屡次因为直言讽谏而不断遭受贬谪，但他依然不改其刚正本色。端拱元年（988），他因写《端拱箴》批评皇宫的奢侈生活而遭贬谪。淳化二年（991），他执法为徐铉雪诬，又因抗疏触怒太宗，被贬为商州（今陕西商县）团练副使。太宗至道元年（995），又以"谤讪朝廷"的罪名，贬知滁州（今属安徽）。宋真宗时，因参与撰修《太祖实录》，直书史事，引起宰相的不满，而招致谗谤，被贬至黄州（今湖北黄冈），咸平四年（1001）冬改知蕲州（今湖北蕲春），到蕲州不满一月便去世，年仅四十八。

后来大文豪苏轼经过苏州，在虎丘寺，见到王禹偁的画像，被王禹偁"三黜穷山，之死靡憾"的经历所感动，"想其遗风余烈"，至为感佩，遂"愿为执鞭而不可得"，于是便为之作像赞，以颂扬王禹偁之风骨，其中曰："以雄文直道，独立当世"，"耿然如秋霜夏日，不可狎玩"。

宋浙东安抚使谥文靖魏公了翁

秦公经术

闻于家邦

晚年致政

赐第平江

魏了翁：书院巷里书院人

书院巷并不是很长，但在苏州百姓心中有着重要地位。书院巷的得名，源自南宋时期著名学者魏了翁及其创办的鹤山书院。

魏了翁（1178—1237），字华父，号鹤山，邛州蒲江（今属四川）人，是南宋时期名的理学家、思想家和政治家。魏了翁为人正直不阿，其“立朝大节及讲明道学之功，当时与真文忠公（按：南宋著名理学家真德秀）相上下，故人以‘真魏’并称”（吴宽《敕祀鹤山先生魏文靖公记》）。

魏了翁一生宦海沉浮，敢于坚持原则，直言政事，极具诤谏之姿，也因此先后得罪了当国重臣韩侂胄、史弥远。开禧元年（1205），韩侂胄在权势最为煊赫之时，积极谋划开边，以达到稳固自己政治地位的目的，就在此时，“遍国中忧骇而不敢言”。魏了翁审时度势，对宋王朝的基本国力以及宋金力量的对比进行了综合考量后，认为韩侂胄提出的北伐之计决不可行，于是他就在给朝廷的上表中明确阐述自己的观点：“国家纪纲不立，国是不定，风俗苟偷，边备废弛，财用凋耗，人才衰弱，而道路籍籍，皆谓将有此北伐之举，人情恟恟，忧疑错出。金地广势强，未可卒图。求其在我，未见可以胜人之实。”《宋史·魏了翁传》记下了他的主张：当务之急不在北伐收复中原，而应该“急于内修”，“姑逭（按：huàn，搁置的意思）外攘”，“不然，举天下而试于一掷，宗社存亡系焉，不可忽也”。此论一出，天下哗然大惊。

开禧三年（1207）末，奸臣史弥远杀害了权臣韩侂胄，逐渐掌握了宋王朝的军国大政。嘉定元年（1208）十月，史弥远入相专国事，并接受了刘爚的建议，以崇奉理学、起用名人来洗刷自己的劣迹和丑恶形象，魏了翁也在朝廷收召之列。但是魏了翁因史弥远的所作所为而不愿与其合作，“三辞聘召”以“迁延岁月”。不久之后，魏了翁的生父去世，他就趁势解官，在家乡的白鹤山下筑庐守制。同时他还建起了鹤山书院，在书院中著书立说，授徒传道，宣扬理学。他以“博学、审问、慎思、明辨、笃行”为治学准则，采用个人精读、互相答问、集众析疑的教学方法，在四川培养了很多学生，带动了蜀中学术文化的发展。据《宋史·魏了翁传》记载：“士争负笈从之”，从此以后，“蜀人尽知义理之学”。

自此之后，魏了翁为政一方时，均以兴建学堂、讲授理学、培养人才为第一要务。他又先后在湖南靖州、四川泸州和苏州建起了书院，都冠以“鹤山书院”之名。他自己也常常亲诣学堂、书院，为读书人讲说理学，以示教化，并引导奖掖后进，以振文风。

在长期的学术和教育活动中，以魏了翁及其弟子为代表，形成了学术史上的重要流派——“鹤山学派”。魏了翁的学说在当时具有很大的影响力。南宋诗人家铉翁就在诗歌中大赞魏了翁及其学术传承者：“南方共宗鹤山老，北方亦有鹤鸣翁。鹤山道脉接濂洛，鹤鸣之派应与鹤山同。九皋清闻犹历耳，谁谓九原不可起？诜诜高弟今几人？衣钵传来二三子。遗书定知满箧箱，夜光炜煜照行李。在阴有鸣须有和，乘轩可贵未可喜。君不见，辽东仙子丁令威，向神清而上刷羽仪。万人拭目看孤飞，凫鹭纷纷那能随？”（家铉翁《则堂集》卷五《伯成尝受学于河朔

位于苏州书院巷的鹤山书院

魏了翁所题的书画

前辈鹤鸣翁，其学亦宗濂洛，赠以诗，勉其自拔于流俗》）

绍定六年（1233），权奸史弥远去世，宋理宗亲政，魏了翁入朝，提升为华文阁待制，赏赐金带。在朝中，魏了翁忠于职守，体察民情，纵论政事，敢于向朝中的不正之风开火。他目睹了权贵们大权独揽、目无法纪纲常、腐败不堪的状况，于是就向宋理宗上疏直陈朝中十大弊症。他的万言上疏，“先引故实，次陈时弊，分别利害，粲若白黑”，字字句句，无不叩击震荡着宋理宗的心弦，理宗读过之后，非常感动，就在经筵之席上举之成诵。

魏了翁此后又连续数十次上疏论事，皆当时急务，宋理宗甚至想让魏了翁参与商讨国家政事，但是朝中有些避忌魏了翁的人，私下里合谋排摈他，说近臣中只有魏了翁“知兵体国”，让他担任端明殿学士同签书枢密院事，督视京湖军马。就在督视期间，江淮督府曾从龙去世，魏了翁临危受命，承担了江淮事务，开始了在苏州的人生旅程。

当时“边警沓至”，魏了翁一方面要带领军民抵抗元军的南侵，一方面还在苏州兴建了鹤山书院。他的作为，曾得到宋理宗的嘉赞，在一次例行朝拜后，理宗赠送他一幅御笔唐代严武的《军城早秋》诗以及“鹤山书院”四字匾额，作为对他抗击元军和兴办学校的肯定。

宋理宗嘉熙元年（1237）八月，宋理宗读到魏了翁人生中最后一篇奏折，这位忠心于家国天下的老臣的拳拳爱国之情，让宋理宗感动之外，更是悲痛万分。是岁追封魏了翁为太师，谥号文靖，累赠秦国公，把苏州南宫坊（现书院巷）鹤山书院诏赐为魏氏子孙之第宅。

魏了翁去世之后，葬在苏州城外高景山金盆坞，其墓至今已毁，无从寻找。但魏了翁文教化育天下的精神却在苏州得以传承和发扬光大。元代至顺初，魏了翁的曾孙魏收“上请于朝，以先人之居分籍在已者”捐出，以重建鹤山书院，“请得与明师良友，讲求其所传”。（虞集《道园学古录》卷六《魏氏请建鹤山书院序》）

明代，鹤山书院原址已改建为江苏巡抚衙署，但是苏州人依然不忘一代大儒魏了翁，在书院旧址建起鹤山先生祠，学者杨循吉为撰《宋太师鹤山先生文靖魏公祠堂碑》（《吴都文粹续集》卷十四），对魏了翁的一生做了极为全面而公允的评价，其中有曰：

先生学以忠信笃敬为工夫，践履既茂，用发而宏，故能正色立朝，而不附韩、史，立言垂范，而群经以明，所谓有本者如是乎。当宋之季，宰相行伪禁法，天下莫敢言道学，先生以其所负者起而振之，靡然从风，士克返正。然则，程、朱以来，吾道尝中微矣，至于先生，而又为一始。斯文之不坠地，实有人焉。不然，且莫知所纪极也。由是言之，厥功为大，而况有懿德忠节炳炳乎哉。

行走在鹤山书院旧址（今苏州卫生职业技术学院）与苏州府学旧址（今江苏省苏州中学）之间的书院巷，能不因古人的高风亮节和懿德忠节油然而生一种文化的敬意？

皇清右春坊右赞善朱公珔

儒林文苑

经师人师

潜研而后

惟公媲之

朱珔：江左经师之冠

毗邻沧浪亭有一座小巧的园林，名可园，对很多苏州人来说，可园是极为陌生的。虽然可园名不见经传，但在苏州众多的古典园林中，它最为独特——苏州大量的古典园林几乎都属于私家宅院，而可园长期以来一直与苏州的文化教育事业有着密切的关联，历经正谊书院、学古堂、省立苏州图书馆，以及张謇创办的苏州工业专科学校，现代的苏州医学院、苏州大学，书声诗韵伴小园，弦歌不辍，名贤辈出，尊之为吴下风流渊薮，实不为过也。

清代中叶，有"江左经师之冠"美誉的著名学者朱珔先后讲学于正谊书院和紫阳书院，苏州的学风、士风大振，在正谊书院师从朱珔的苏州著名学者冯桂芬就曾这样评价老师对苏州的贡献：

先生经学一宗汉儒，所著书盈数尺，多所发明，今海内论经术者莫之先也。……其为教，因文艺诱之以学古穷经，因学古穷经进之以行谊。因材相质而善道之，不务为高远，以绝人于不可跻，故士每乐就其教。所至翕然从之，文风科目为之一振。（冯桂芬《显志堂稿》卷二《朱兰坡宫赞师七十寿序》）

朱珔（1769—1850），字玉存，一字兰坡，学者尊称为"兰坡先生"。安徽泾县人。早年乡居读书，在未出仕之前，青年朱珔曾游历苏州，他被苏州深厚的历史文化底蕴所吸引，在其《小万卷斋诗稿》卷一中就保存了此次游历写下的大量诗歌，诸如《沧浪亭怀古》、《观师子林假山》、《登天平山》、《五人墓行》、《吴门春日杂诗》八首、《花山》二首、《登灵岩望太湖》、《馆娃宫》等。他的《三月三日泛舟山塘》诗中更是表达了对苏州的心驰神往："微风暖日听莺天，片片鱼鳞叠画船。歌忆吴宫佳丽地，会开晋代咏觞年……"

自此之后，在青年朱琦的脑海中就多了一个梦想，那就是，有朝一日能够再来苏州，在苏州举行一场类似东晋王羲之兰亭雅集这样的觞咏盛会。似乎一切都是冥冥之中的安排，朱琦就与苏州有着难以言说的不解之缘。

嘉庆七年（1802）朱琦中进士，之后的二十余年时间中，他仕宦顺利，屡蒙嘉奖，曾得御赐"品学兼优"之褒。然而，朱琦的兴趣似乎并不在官场上，他似乎更喜欢林下的散淡逍遥。早在当年游历苏州时，他就曾在《沧浪亭怀古》一诗中，明确表达了对苏舜钦"幅巾独往行浩歌"，"啸傲平林自率真，兴酣笔落多惊人"，"天遣才人来作江山文字主"这般自在潇洒的文人生活状态的无比羡慕之情。

清宣宗道光四年（1824），朱琦应两江总督孙玉庭之邀，在南京主讲钟山书院，前后四年时间里，教育学生以"通经学古为先"，"以经学勖士，成就者多"（甘熙《白下琐言》卷三）。在当时执掌书院教席的学者中，朱琦与桐城姚鼐、阳湖李兆洛鼎足而三，影响巨大，甚至有不少其他书院的学生听闻朱琦的名声，纷纷转投朱琦门下。

道光七年（1827），江苏巡抚陶澍邀请朱琦移席苏州，主讲沧浪亭畔的正谊书院。在正谊书院任教十多年之后，朱琦于道光十八年，又受聘于紧挨着正谊书院的紫阳书院，担任教席，直到道光二十八年，以八十岁高龄离开苏州回乡。朱琦在苏州长达二十多年的时间里，春风化雨，奖掖后进，为苏州的文化教育事业做出了巨大的贡献。

修复后的可园门楣

故地重游，朱琦欣喜无比，在苏州，他好像找到了精神的归属，他曾在诗中这样写道：“吴中倘借一枝安，愿得芳邻接古欢。”（《小万卷斋诗稿》卷三十《再题小寒碧第二图》）正谊书院毗邻沧浪亭，神接古人，更让他欣喜的是，“苏台俊彦喜成班，月旦评文讲席间”（《小万卷斋诗稿》卷七《约社友题山居拥卷图先自识其端六首》其六）。苏州独领风骚的人文气息和文化氛围，使他沉浸在学术探讨和文学创作的快乐之中。

徜徉在正谊书院、可园中，他全力以赴地投入到学术研究和教书育人之中。在十年多的时间里，朱琦和吴中文人交往密切，参加了数十次在沧浪亭举行的问梅诗社的创作活动。直到今天，我们还可以从沧浪亭廊壁的《小沧浪七友图》碑刻上，依稀感受到当年唱和的盛况。也就是在这十余年的时间里，朱琦完成了自己最为重要的几部学术著作《文选集释》、《国朝诂经文钞》、《小万卷斋诗稿》、《小万卷斋文稿》等。

朱琦是一位杰出的教育家，他对学生的培养尽心尽力，而且非常讲究方法。正如前引冯桂芬在老师的七十寿序中所说的，他对学生的教育不好高骛远，而是根据每个人的特点，"因材相质"，循循善诱。他先以文学艺术激发学生的兴趣，然后再引导他们"学古穷经"。在朱琦看来，"学古穷经"并不是书院教育的终极目标，而应该更进入到"行谊"，即付诸实践。所以，在朱琦的主持下，正谊书院人才辈出，道光十二年（1832）会试的会

元马学易、状元吴钟骏都是朱琦的门生，肄业于正谊书院。

朱琦的另一位门生冯桂芬更是将老师朱琦的实学精神发扬光大。同治三年（1864），冯桂芬担任重建后的正谊书院山长，作为“中体西学”思想的首倡者，冯桂芬积极倡导西学，注重革新，论学不为门户之争，培养了众多人才，对近代吴地书院的学风产生了重要影响。

正谊书院的学术风气代代相传，见证了苏州文脉和学术文化的传承。直至今天，此地依然弦歌不辍。因此，可园的修复，绝不是一件小事，更是一种精神的薪火相传，应该在苏州文化教育史上留下浓墨重彩的一笔。

皇清江苏巡抚梁公章钜

三吴士庶

被德独久

沧浪水清

共兹不朽

梁章钜：楹联里的谆谆教诲

梁章钜（1775—1849），字闳中，又字茝林，号茝邻，晚号退庵，祖籍福建长乐，出生于福州。嘉庆七年（1802）中进士，步入仕途，曾任江苏布政使、甘肃布政使、广西巡抚、江苏巡抚等职。道光十八年（1838），任职广西巡抚兼署学政的梁章钜上疏主张重治鸦片囤贩，强调“行法必自官始”，并积极配合林则徐，严令梧州等地官员捉拿烟贩，杜绝复种罂粟。道光二十一年，梁章钜亲自带兵防守广西梧州，并增兵南宁等地，运送大炮支援广州的防务。他曾上疏朝廷，抨击琦善等人在广东“开门揖盗”，歌颂三元里人民的抗英斗争。他也是历史上第一个向朝廷提出“收香港为首务”的官员。

梁章钜的一生，宦海迁播，与苏州关系最为密切。他数次到苏州，先后担任江苏按察使、江苏布政使、江苏巡抚和两江总督，督抚江苏十多年，政绩斐然，深受苏州老百姓的拥戴。

道光六年（1826），梁章钜调任江苏布政使，作为楹联专家的他便在江苏布政使藩署大门上题联以自励：“爽气挹天平，国计民生如此象；雄藩称地户，湖光江色照余心。”一生数度督抚江苏，梁章钜确是按此座右铭严于律己，清正勤勉，以百姓民生为首要之务，他的行为和心迹，湖光山色可照，天地苍生可鉴。

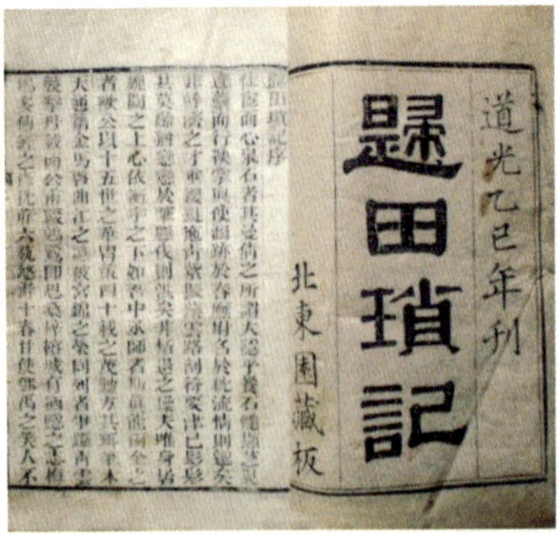

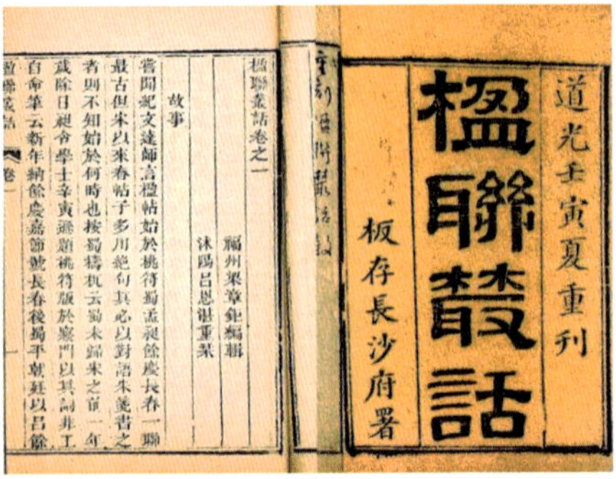

《归田琐记》、《楹联丛话》书影

道光十一年(1831),江淮地区遇大水灾,梁章钜率领属下捐廉募款,赈济灾民。同年,在他的主持下,修复了练湖堤坝,并带头筹款兴修孟渎、得胜、澡港三河的水利工程,以保百姓免受水患之苦。道光二十一年,刚由广西调到苏州任江苏巡抚的梁章钜,亲自带兵到上海,会同江南提督陈化成部署抗英的战斗,积极组织宝山、上海、川沙、太仓、南汇、嘉定等地的老百姓兴办团练,严密设防,使英军不敢轻举妄动。次年五月,告病还乡的梁章钜在回乡途中得知英军攻进长江,两江总督牛鉴闻风逃遁,镇江陷落的消息之后,心情无比沉重。当他到达福建浦城之后,又听说当局已经同意英国人在福州设立码头的消息,于是痛陈时局之弊。

梁章钜是清代一位著名的学者,他一生著述甚丰,有《退庵随笔》、《退庵诗存》、《论语集注旁证》、《文选考证》、《退庵自定年谱》、《藤花吟馆诗钞》、《楹联丛话》、《制义丛话》、《浪迹丛谈》、《称谓录》、《归田琐记》等七十余种,其中《楹联丛话》一书,是中国楹联学研究的开山之作。

作为一代楹联大师,梁章钜最为苏州人所津津乐道的就是集宋代著名文学家欧阳修和苏舜钦两位诗人的诗句，为沧浪亭所作的经典名对："清风明月本无价，近水远山皆有情。"梁章钜在楹联创作和研究上颇有建树，所以他所制的楹联往往脍炙人口，广为流传。而梁章钜本人也经常自撰或是赠人楹联，以楹联这种传统的文学形式来表明自己清廉为政的理想，也用以达到教育身边同僚和百姓的目的。

梁章钜在湖北江陵任职的时候，曾在官署的大门上自题楹联，以通俗易懂的语言，向世人昭示自己坦荡的君子情怀："政惟求于民便，事皆可与人言。"作为地方父母官，必须心地纯正，襟怀坦白，诚恳老实，光明

梁章钜七言对联行书

磊落；为政一方，就应该除弊兴利，造福人民，使百姓安居乐业。这一对联和后来他在江苏布政使衙署大门上所挂的“爽气挹天平，国计民生如此象；雄藩称地户，湖光江色照余心”一联，可谓异曲同工。

而他的好友余小霞升官赴任告别时，梁章钜集苏轼的诗作，作了一副集句联以赠：“劝子勿为官所腐；知君欲以诗相磨。”上联取自苏轼《秦少游梦发殡而葬之者，云是刘发之柩，是岁发首荐，秦以诗贺之，刘泾亦作，因次其韵》一诗，是苏轼庆贺刘发得官时的告诫之语；下联则出自苏轼《张作诗送砚反剑，乃和其诗，卒以剑归之》一诗。这一联不仅制联技巧高明，更从中看出梁章钜当官拒腐的坚决态度。

在梁章钜的《归田琐记》中还有两首《十字令》，从一正一反两个角度，抒写了自己对为官之道的认识，在后世影响很大，对历代的官员也有重要的教育意义，直到今天，我们依然可以从中感受到梁章钜文字所蕴含的正能量。

第一首《贪官十字令》，采用了宝塔诗的形式，对封建时代官场恶习和腐朽黑暗的批判不遗余力：

红

圆通

路路通

认识古董

不怕大亏空

围棋马钓中中

梨园子弟殷勤奉

衣服整齐言语从容

主恩宠德满口好称颂

座上客常满杯中酒不空

从官场的升迁秘诀到官场的处世原则，从行贿到受贿以及各种贪赃枉法的手段，从外表的虚伪到内里的龌龊卑鄙，都做了穷形尽相的揭露，语言酣畅淋漓。借这首批判诗，梁章钜表明了自己一直以来就是和这样腐朽黑暗的封建官场保持着疏远的关系的。在他的《清客十字令》中，他自述情怀，这一情怀直到今天也不无启示意义，不妨抄录如下：

一笔好字不错，二等才情不露，

三斤酒量不吐，四季衣服不当，

五子围棋不悔，六出昆曲不推，

七字歪诗不迟，八张马吊不查，

九品头衔不选，十分和气不俗。

我们心中的“大人”

清代福格在《听雨丛谈·大人》里解释：“本朝内大臣、都统、尚书、侍郎、卿寺、学士、堂上官，皆称大人。中允、洗马、赞善、巡城御史、掌科给事，皆在本署中称大人，出署则否也。外官文职督抚、学政……武职提督、副督统、总兵、城守尉，皆称大人。”大人是官员，大人也是对长辈的尊称。老百姓心中的“大人”，模糊了官职的高下之别，是一个饱含情感的称呼。

我们下面列举的这些“大人”，他们身份众多，他们不仅仅是官员，更多时候，他们是传说中的英雄，是城市永不能忘的名贤……

伍员奔吴日，苍皇及水滨。
弯弓射楚使，解剑与渔人。
抉目观亡国，鞭尸失旧臣。
犹为夜涛怒，来往百川频。
宋·梅尧臣《宣州杂诗二十首》

贤相·伍员筑城

公元前514年，伍子胥上观天文气象（象天法地），下测水文地质（相土尝水），将原来的吴子城扩建成“阖闾大城”。阖闾大城的街道呈棋盘布局，城墙四方各开二门，东方为娄、匠二门，西为阊、胥二门，南为盘、蛇二门，北为齐、平二门，象征“天之八风”、“地之八卦”。每座城门各有寓意，如：城墙的西北门“阊门”，取阊阖天地之气的意思；苏州北面的两座城门叫“平门”、“齐门”，就寓有“平鲁威齐”的意思。

苏州地处东南沿海的平原地区，地势低平，雨水丰沛，极易受到水患的威胁，因而，伍子胥在阖闾大城的城内、城外各挖了一道宽五十至一百五十米的护城河。宽阔的护城河不仅是军事上的重要屏障，更能沟通城内、城外水系，调节水位，起到蓄水池和防洪屏障的作用。正是因为伍子胥科学合理的设计，使得苏州城自古就形成了联络紧密的城里、城外水系，发达的水路交通网络，以及顺畅的防洪、泄洪的体系。

缀玉联珠六十年，
谁教冥路作诗仙。
浮云不系名居易，
造化无为字乐天。
童子解吟长恨曲，
胡儿能唱琵琶篇。
文章已满行人耳，
一度思卿一怆然。
唐·李忱《吊白居易》

名官·白公风雅

唐敬宗宝历元年（825），白居易任职苏州刺史。白居易在苏州前后一年多的时间里，给苏州人民留下许多惠政，深受百姓的拥戴。

对于如何做好一个地方父母官，白居易有着自己独到的理解，那就是所谓的“候病须通脉，防流要塞津”。治理河道，需要防止河的要道堵塞，所以疏浚使之畅通是关键；而治理州县则需要如看病问诊一样，先要诊断症结之所在，然后再疏通经脉。

白居易在公务之余，也创作了很多苏州题材的诗歌，为苏州文学史增色不少。比如他笔下太湖的湖光山色就十分令人神往：“浸月冷波千顷练，苞霜新橘万株金”（《宿湖中》），“掩映橘林千点火，泓澄潭水一盆油”（《夜泛阳坞入明月湾即事寄崔湖州》），“黄夹缬林寒有叶，碧琉璃水净无风”（《泛太湖书事寄微之》）。他以浅近朴实的文字，将眼前情景，融入自己的人生体会，发他人所未发，同时又引发了读者在情感上的强烈共鸣。白居易在苏州创作的经典诗作不胜枚举，诚如沧浪亭五百名贤祠画像上的像赞所谓“百首新诗，袖中吴郡”。

《高义园》。高义园位于苏州府西天平山，乾隆十六年（1751）赐名高义

义师·范氏高义

范仲淹是北宋名臣，一代名贤。王安石称其为『一世之师』。北宋仁宗景祐元年（1034），范仲淹奏建吴县儒学。次年，他又奏请立府学，诏准后，范仲淹着手创立苏州府学。他捐出自己购来拟建第宅的南园遗址，用于建府学。据说，当时有风水先生说此地风水极佳，范氏居此，必世代公卿。范仲淹却说：『吾家有其贵，孰若天下之士咸教育于此，贵将无已矣！』

苏州府学造好之后，范仲淹又聘请了当时的名儒孙复、胡瑗前来任教，一时间人才辈出，名闻天下，遂有『江南学府之冠』的美誉。历经千年的风霜，现如今，江苏省苏州中学在苏州府学的原址上，依然绵绵不绝地延续着苏州的文脉。

《王公出山图》又名《王鏊拜相图》，是一幅纪实性作品，是唐寅为老师王鏊所绘，故极为精心

阁老·东山王鏊

王鏊（1450—1524），字济之，号守溪，晚号拙叟，又称震泽先生，吴县（今江苏苏州）人。正德初，王鏊的仕途生涯也『顺风顺水』，他先是被起用为侍讲学士，后又升为户部尚书、文渊阁大学士，然而，王鏊恰好遇到了刘瑾当权的时代：刘瑾是武宗的贴身太监，因武宗荒废朝政，权力被刘瑾等人掌控。当时刘瑾集团的势力何其嚣张，朝中大臣被迫害者数不胜数，而王鏊在一开始，总是开诚布公地劝谏刘瑾，有时还能得到刘瑾的采纳。随着刘瑾集团在朝堂上的势力越来越大，正直的大臣们死的死，走的走，王鏊也深感无力，最后只好力辞还乡。

王鏊门生众多，其政见也很有见地，在《上边议八事》中，他提出自己的治边八策，有定庙算、重主将、严法令等建议，多被采纳。王鏊归来吴中东山后，目睹此地人民深受重赋之苦，作《吴中赋税书与巡抚李司空》，成为不朽名作。

马文升评价：『王公者，当于古人中求之，今世鲜其匹也。王公，真宰辅器也。』

忠将·明季稼轩

瞿式耜，字起田，号伯略，别号稼轩，祖籍常熟藕渠（今属虞山镇）。甲申国难，崇祯自缢，江山飘摇。弘光政权在南京建立，瞿式耜被任命为广西巡抚。不料在他的赴任途中，南京就陷落了。瞿式耜仍效忠大明政权，坚持抗清。他招募士兵，修筑城堡，加强防守，安定人心。面对清兵席卷全国的局势，他沉着指挥，三次击退清兵对桂林的进犯。为了筹集军饷、犒赏将士，他拿出了自己的俸银、积蓄，他的夫人还变卖了自己的首饰。桂林几次转危为安，大大安定了民心，鼓舞了斗志。何腾蛟殉国后，瞿式耜兼任督师时，还陆续收复靖州、沅州、武冈、室庆等府县。然而随着形势越来越坏，桂林最终被攻陷，瞿式耜坚决不降，最后慷慨赴死。

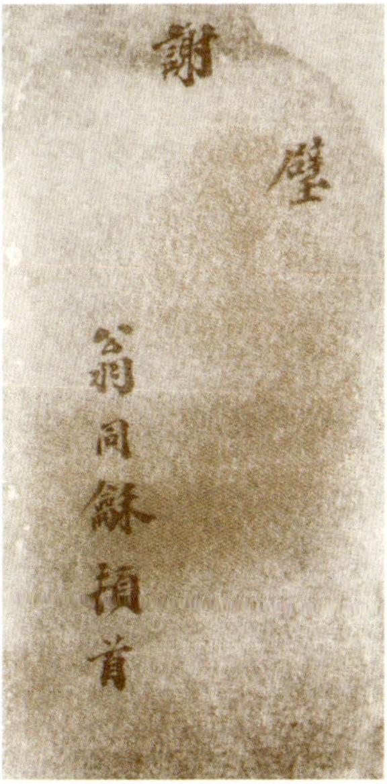

大臣·老翁谢帖

翁同龢，常熟人氏。他曾入军机处，先后任同治、光绪两朝帝师。翁同龢虽官至一品大臣，却十分清廉，无论是太湖石、名家书画，还是银钱、贵重物品之类的馈赠，他一概拒收。有一次，主事津海关的盛宣怀向朝中一批大臣送礼，大臣们都笑纳了，只有翁同龢，不仅退还了礼金，还写了一张谢帖，上面只写了一个“璧”字，是“完璧归赵”的意思。

邓攸赈灾

邓攸（？—326），字伯道，曾任吴地郡守。晋元帝太兴二年（319），“三吴大饥，死者以百数”，邓攸给朝廷上表，请求开仓赈济，但上级迟迟没有答复，邓攸心急如焚，救灾心切，“辄开仓廪赈之”。在苏州任职期间，邓攸“刑政清明”，被人们赞誉为“中兴良守”。他离开的时候，苏州郡邸置备的“送迎钱”多达数百万，但他坚持不受。百姓再三挽留他，数千人拉拽着他归乡的行船。邓攸只好等到半夜里百姓散去后才悄悄离开。

孙冕拒官

孙冕，字伯纯，于宋真宗天禧年间来苏州就任太守。有一日，孙冕的一位同乡罢相，出判杭州，特意到苏州看望旧友。两人在交谈之间，这位素交觉得孙冕的仕途颇多委屈，想要助他一臂之力，却遭到了孙冕的严词拒绝。就在这天夜里，孙冕提笔在苏州衙署的厅壁上书写了一首《致仕诗》：“人生七十鬼为邻，已觉风光属别人。莫待朝廷差致仕，早谋泉石养闲身。去年河北曾逢李，今日淮西又见陈。寄语苏州孙刺史，也须抖擞老精神。”在诗中，孙冕清晰地表现了他不眷恋官位、主动让贤、积极扶持奖掖后进的高风亮节。他也是这样做的：致仕而退，归隐山林。

贺霖执法

贺霖，字时望，江西鄱阳人，在明弘治元年（1488）赴任苏州知府。

贺霖断案公正，无论多小的案件，都能做到有法可依、依法定罪。案子在他手上，从来没有出现过臆断专行的事。为了保证秉公执法，贺霖即便是生病，重要公务还是硬撑着亲自处理，故才有了“无错案”的声名。他谨慎细致的态度也影响了他的身体。在苏不满一年，他就病逝于任所。他死时“囊无余财，妻子贫窭而归”。

严讷反贪

严讷（1511—1584），字敏卿，号养斋，常熟人。曾任嘉靖年间的吏部尚书，当时严嵩刚垮台。严嵩当政时期，朝堂上卖官买官的现象很严重，还有很多官员都是靠攀附严嵩父子而谋得官职和升迁的。严讷与吏部官员约定：“有事白于朝房，毋谒私邸。慎择曹郎，务抑奔竞，振淹滞。”为了反贪，他从自身做起。据说他曾摆了一桌家宴，在家宴上，发给家人棋子，跟他们说：“你们今后无聊可以下棋，慎出门户。”让家人少出门，少与外臣接触，正是为了保持自家清白的家风，杜绝贪污，从自身和自己的家庭做起。

后记

《典范苏州》作为一套社科普及读本，其中“识人·凝望苏州”卷主要载录苏州历史上的重要人物。本书通过稽考、梳理留存至今的历史文献、文物，主要传录了两类人物：一类是苏州籍的官员，他们品行高尚，为政有德；一类是任职苏州的官员，他们在苏州城市发展进程中的各个方面施展抱负，大有作为，是以归为“廉吏大人”，其中又以后者为主。这些廉吏大人，或是以清廉自律为人称道，或是立基建城的名宦、治水安澜的牧宰，或是经济世务的循吏、文教化育的名贤。当然，其中不乏像韦应物、白居易、刘禹锡、范仲淹等这样具有多重身份的风雅循吏，他们既是名贤，又是文学家。为了避免和《典范苏州》丛书中的《名士贤人》、《文风》等书重复，本书尽量避开其他书籍传录的历史人物，针对伍子胥、范仲淹、白居易等这种多重身份的传主，我们更尊重大家对他们“名贤”身份的认同，所以这本书里也就没有详述了，还请读者诸君理解。

苏州是一个重视名贤、推崇模范的城市，关于苏州廉吏的书籍也已经有很多了。我们在写作这本书和安排章节结构时，希望不仅仅是呈现一些我们熟知的“清官”脸谱，还能介绍给大家那些被我们忽略的做过实事的官员形象，借此为读者打开城市治理史的一扇窗。打开厚重的史册，以地方官员身份出现的很多人物，其介绍并不如名士名宦生动有趣，